名师名校名校长

凝聚名师共识
回应名师关怀
打造名师品牌
培育名师群体

小学数学智慧课堂教学实践与研究

冯琳 著

西南大学出版社
国家一级出版社 全国百佳图书出版单位

图书在版编目（CIP）数据

小学数学智慧课堂教学实践与研究 / 冯琳著. — 重庆：西南大学出版社，2023.12
ISBN 978-7-5697-2175-1

Ⅰ.①小… Ⅱ.①冯… Ⅲ.①小学数学课－课堂教学－教学研究 Ⅳ.①G624.502

中国国家版本馆CIP数据核字（2024）第026034号

小学数学智慧课堂教学实践与研究
XIAOXUE SHUXUE ZHIHUI KETANG JIAOXUE SHIJIAN YU YANJIU

冯琳　著

| 责任编辑：周万华
| 责任校对：陈　郁
| 装帧设计：言之凿
| 出版发行：西南大学出版社（原西南师范大学出版社）
| 印　　刷：北京政采印刷服务有限公司
| 成品尺寸：170 mm×240 mm
| 印　　张：15.25
| 字　　数：246千字
| 版　　次：2023年12月　第1版
| 印　　次：2023年12月　第1次印刷
| 书　　号：ISBN 978-7-5697-2175-1
| 定　　价：58.00元

前　言

随着新课改的不断深入，智慧课堂开始应用于各教育阶段。将其应用于小学数学教学，能够纠正传统教学中的错误理念和发展误区，从而促进学生的全面发展。智慧课堂本身有较强的创新性，能够有效促进教学模式的创新与进步。首先，基于对教学主体的考虑，小学生仍处于发展阶段，其学习习惯等均未形成，因此，教师要着重强调学生的学习专注度。而教学模式的创新能够让学生在课堂中体会更多的新鲜感，激发学生学习的动力，还能够使整个课堂具有更强的智慧性和科学性。其次，基于小学数学的学科特点，数学教学中普遍存在一些理解障碍和思维障碍，教学模式的更新能够克服这些障碍，降低学生的学习难度，从而促进学生的发展。

智慧课堂相较于传统课堂具有更强的实践性，因此，在小学数学教学中应用智慧课堂能够更好地促进学生的实践发展，有效落实教学目标，推动学生的综合发展。首先，从课堂构建层面来说，传统课堂缺乏实践应用方面的教学，而智慧课堂更注重小学生的逻辑思维发展和能力发展，在数学教学中增添了许多能够提高学生逻辑思维能力、解题能力、数学应用能力、空间想象力等的环节和训练，有效落实了提高学生数学素养的教学目标。其次，智慧课堂强调以人为本，注重学生的学习主动性和积极性，通过系列活动促使学生成为有独立人格的人，在教学中突出学生的主体地位，同时智慧课堂的构成更加灵活多变，不仅丰富了教学方式，还促进了学生思维的灵活发展。

本书围绕"小学数学智慧课堂教学实践与研究"这一主题，以智慧课堂的定义与内涵为切入点，由浅入深地论述了智慧课堂的体系构成、样态、流程结构、攻略与方法；系统地阐述了小学数学智慧教学的理念内涵与价值、文化特质、实践程序、评价机制、应对策略、教学案例；深入探究了小学数学智慧课堂教学模式的构建，诠释了智慧课堂理念下的小学数学合作学习、精准教学实践、电子书包教学实践，以期为读者理解与践行小学数学智慧课堂教学提供有价值的参考和借鉴。本书内容翔实、逻辑合理，注重理论与实践的结合，适用于工作在一线的小学数学教师。

笔者在撰写本书的过程中，借鉴了许多专家和学者的研究成果，在此向他们表示衷心的感谢。本书研究的课题涉及内容十分宽泛，尽管笔者在写作过程中力求完美，但仍难免存在疏漏，恳请各位专家和读者批评指正。

目　　录

第一章　智慧课堂综述

第一节　智慧课堂的定义与内涵 …………………………………… 2
第二节　智慧课堂的体系构成 ……………………………………… 13
第三节　智慧课堂教学的样态 ……………………………………… 19
第四节　智慧课堂的教学流程结构、攻略与方法 ………………… 27

第二章　小学数学智慧教学的基本原理

第一节　小学数学智慧教学的理念内涵与价值 …………………… 50
第二节　小学数学智慧教学的文化特质 …………………………… 56
第三节　小学数学智慧教学的实践程序 …………………………… 58
第四节　小学数学智慧教学的评价机制 …………………………… 61
第五节　智慧教学理念下小学数学课堂教学的应对策略 ………… 72
第六节　智慧教育理念下的教学设计案例 ………………………… 78

第三章　小学数学智慧课堂教学模式的构建

第一节　小学数学智慧课堂构建的必要性 ………………………… 84
第二节　小学数学智慧课堂的特征与构成 ………………………… 88
第三节　小学数学智慧课堂基础模型的设计 ……………………… 94
第四节　小学数学智慧课堂教学模式的构建路径 ………………… 100

第四章 智慧课堂理念下小学数学合作学习实践

  第一节 小学数学智慧课堂理念下高效合作学习的意义 …………… 108
  第二节 小学数学智慧课堂中合作学习教学模式与要求 …………… 115
  第三节 小学数学智慧课堂中学生合作的案例 …………………………… 121

第五章 基于数据驱动的小学数学精准教学实践

  第一节 教育数据驱动下智慧课堂精准教学的优势 ………………… 132
  第二节 精准教学设计的基本原则 ……………………………………… 142
  第三节 小学数学智慧课堂精准教学流程设计 ………………………… 147
  第四节 小学数学智慧课堂精准教学课例设计 ………………………… 151

第六章 基于电子书包的小学数学智慧课堂教学实践

  第一节 小学数学智慧生成的教学策略 ……………………………… 164
  第二节 智慧课堂对智慧生成的技术援助 ……………………………… 174
  第三节 基于电子书包的小学数学智慧课堂教学案例设计与成效分析 … 214

参考文献 ……………………………………………………………………… 225
结 束 语 ……………………………………………………………………… 234

第一章

智慧课堂综述

第一节 智慧课堂的定义与内涵

基于信息化视角的智慧课堂概念从最早提出到现在已有数年的时间,随着信息化课堂教学实践探索的不断深入,人们对智慧课堂的认识也在不断发展和提高。智慧课堂的概念类型和内涵价值不断丰富,专家与教师试图根据目前对智慧课堂的分类,并在结合相关概念辨析的基础上,来构建智慧课堂的新定义。

一、智慧课堂的分类

在构建和实际应用智慧课堂的实践过程中,教师针对不同的学科利用不同的信息技术设计了不同应用目的的智慧课堂场景,进一步拓展了智慧课堂的类型和概念。按照不同的划分标准,智慧课堂可以分为不同的类型。

(一)按所采用的信息技术划分

根据其所采用的信息技术可以将智慧课堂分为四种类型。首先是在物联网和教育云端等技术的基础上构建的智慧课堂,其将电脑终端与电子白板智能化地连接在一起,可以构建一个实时反馈和实物展示系统的智能化教学模式。其次是在电子书包的基础上构建的智慧课堂,其能够为学生提供课前多媒体课程和教材预习课程,为教师提供课堂互动教学和课后作业辅导等功能,以进一步提高实际教学水平和质量。再次是利用互联网和云计算等技术构建的智慧课堂,其能够为学生提供具有针对性的学习服务和帮助。最后是利用网络教学平台构建的智慧课堂,其以大数据技术为根本,收集一切与教学策略和学习内容相关的数据信息，并对其进行识别、筛选和挖掘，为智慧决策提供一定的数据参考，从而洞悉学生潜在的、真实的需求，形成预判，建立纵向评估体系，形成智慧课堂。

（二）按学校类型和层次划分

根据构建和应用智慧课堂的学校类型和层次的不同，可以将智慧课堂划分为三种类型。

（1）中小学智慧课堂。这种智慧课堂针对中小学生身心发展的实际情况和基础教育课程教学及管理特点，目的在于通过电子书包的方式，将课前、课中以及课后教学环境融为一体，实现校内、校外教学同步的目的，为教师、学生、家庭和社会构建一个利用多媒体沟通交流的平台。其能够帮助教师和学生利用电子书包实现良好的教学互动和教学评价，帮助家庭和学校实现教学资源的同步共享和实时的沟通交流，有利于构建互动式和探究式的中小学智慧课堂。

（2）职教智慧课堂。这是培养高智能人才的主要途径，利用物联网、大数据、人工智能等技术改变传统的"知识课堂"，构建"智慧课堂"，从而实现个性化学习和因材施教，凸显职教资源的智能化和智慧化优势。如模拟仿真、虚拟化实验和智能化测评等功能，有利于培养高素质人才、传承技术技能、促进就业创业，形成适应职业教育的智慧课堂。

（3）大学智慧课堂。这是一种针对大学生智能手机普及化、班级规模大、师生互动交流少等现实问题，基于移动互联网络构建的，以教学内容实时传达、师生之间良好互动、生生协作学习、学习行为记录和分析为主要特征，以传统课堂和信息技术深度融合为核心的智慧课堂。在此种智慧课堂上，学生可以自行签到，教师可以实现随机提问和课堂测验，并且可以随时记录下学生在课堂上的表现和成绩，有利于促进师生之间的课堂互动，进一步提高课堂教学管理水平和质量，为更好地开展课堂教学打下坚实的基础。

（三）按学科专业应用类型划分

按实施智慧课堂教学实践的学科专业不同，可以将其划分为各学科的智慧课堂，如中小学的语文、数学、英语、物理、化学、生物、政治、历史、地理等学科智慧课堂。比如：利用数学智慧课堂开展中小学数学教学，创设民主、自由的智慧课堂管理体制；采用引导学生智慧生成的策略和方法，探索科学、合理的智慧课堂形成性评价机制。

二、智慧课堂与相关概念的关系

要想全面理解智慧课堂的概念和定义，就必须对与智慧课堂相关的概念关系进行很好的梳理和了解，如智慧教育、高效课堂、智慧教室和未来课堂等概念的比较分析如下。

（一）智慧课堂与智慧教育

智慧教育与智慧课堂的概念有许多相似之处，二者都是从信息化和教育学的角度去看待和理解教学的。而本书主要是从信息化的角度去理解和审视智慧教育的概念。智慧教育是智慧地球概念的一个分支，被广泛推广应用在教育领域。华东师范大学教授祝智庭先生是国内教育信息化方面的专家，他首次提出了相对完善的智慧教育概念，即充分利用物联网、云计算以及互联网等先进信息技术，结合智慧教学的方法构建智慧教学环境，帮助学生养成独立智慧学习的好习惯以及正确的价值取向和思维品质，以培养全面的、高素质的智慧型人才。智慧教育本质上就是一种理想化的教育境界，其与人才事业未来的发展存在非常紧密的联系。在开展智慧教育活动的过程中，教师首先要充分理解智慧教育的内涵，将课堂打造成智慧课堂，通过智慧化的课堂教学管理方式，引导学生激发智慧潜能。这要求教师不仅要关注学生的学习成绩和知识技能的掌握情况，还要关注学生的发展前景和发展潜力。

在现代教学实践中，课堂教学始终是前沿阵地，要想实现智慧教育，就必须创设智慧化的课堂教学环境。课堂教育的核心载体就是智慧课堂，智慧课堂也是实现智慧教育的根基所在。无论是人才培养活动，还是课程教学的实施，都是以课堂教学的形式来开展的。在目前的教学背景下，学校和课堂教学是并存的，两者缺一不可。而智慧课堂就是以全新的智慧教育理念为指导，参考和借鉴课堂教学应用的经验，对其进行改造和升级，为智慧教育的转型和升级提供范例。构建智慧课堂的目的在于教师以成熟的教育方式和教育理念去引导学生发掘自身潜在的智慧，以此来培养和提高学生的创造能力。其本质就是引导学生通过自我发展、自我成长以及自我组织的方式形成创造性思维，为后续的学习和发展打下良好的基础。教育要始终围绕学生，要明确学生的主体地位，通过不同层次和类型的教育模式为学生提供个性化和多样化的教育服务和帮助，尽可能地激发学生学习的主观能动性和发展潜力，为迎接课堂改革提前做好准备工作。教育的前沿阵地始终是课堂，课堂不仅是学生学习的重要场所，而且承载着民族的未来和希望。教育变革的核心内容就是课堂变革，只有从课堂层面开始变革，教育才能实现真正意义上的变革。而深化教育改革的重要途径之一就是构建、推广和应用智慧课堂，以学生为主体，为学生提供多样化和个性化的教学模式，激发学生的潜能和智慧，将学生培养成高素质的复合型人才。

（二）智慧课堂与智慧教室

与智慧课堂含义十分相近，也是容易与其混淆的一个概念就是智慧教室。智慧教室概念的提出也是源于智慧地球概念在教育领域的推广应用。教室本身只是一种物理环境，但在现代信息技术的加持下，教室也可以转变为呈现教学内容、获取学习资源、开展课堂互动交流以及情景感知和环境管理的新型智慧教室。聂风华等人认为，所谓智慧教室就是借助先进的信息技术，利用软硬件设备构建智慧应用服务的教室空间。智慧系统主要由六大系统组成，首先是基础设施和网络感知，其次是可视化管理和增强现实，最后是实时记录和泛在技术（一种综合性的信息技术，包括泛在计算和泛在网络）。

笔者认为，智慧课堂与智慧教室是两个不同的概念。更明确地说，智慧课堂概念的提出和发展是成立的、合理的，而智慧教室概念是不成立的，至少是不切合实际的。其主要原因是，从"智慧"的中文本义上来讲，"智"这个字可以用于人，也可以用于物，比如说智能。"慧"这个字几乎都用于人，很少用于物，因此逐渐形成了一种"汇人之慧，赋物以智"的说法。"智慧"是人所特有的一种高级能力，而"教室"是一种物质形态，以物理环境的形式存在，不具有"智慧性"，至多具有"机器智能"。按照课程和教学论的观点，课堂的含义更深层次是指学校的课堂教学活动，是课程与教学活动的综合体，教室只是为教学活动提供物质环境。

智能教室指的是通过计算机、投影仪、视听设备以及交互白板等设备构建的全新的教室环境。而智慧课堂虽然与高效课程有相似之处，但也有明显的差异。所谓高效课堂，从字面意思理解就是以提高教学效率和质量为目的而构建的新型课堂，即基于有效课堂以更好地完成教学任务和教学目标为目的，通过高效的手段和方式来提高整体的教学水平和质量，进一步提高教学的影响力和社会效益。

目前，基础教育课程改革已经进入了关键时期，而教育改革的重要举措之一就是构建高效课堂。国际上教育改革的通用方法之一是构建学习共同体课堂，即在课堂中，教师与学生相互学习，相互支持，共同进步。此外，教学内容的改革要放在保障学生学习权益和确保学生全面发展上。部分学者认为构建高效课堂的目的在于优化和完善教学目的，尽可能地提高教学效率、水平和质量，激发学生的学习潜能和动机，为学生创设轻松和谐的学习氛围和环境。

高效课堂主要有三个基本特征：一是在建构主义理论基础上构建的教学环境，二是重视培养和提高学生的学习品质，三是激发学生独立自主学习的意愿。高效课堂依托文化系统和评价系统得以实现。促成高效课堂改革成功的根本在于降低师生的内在能耗，强化学生的内在学习动力，引导学生产生正向效能。而构建高效课堂没有固定的模式和范本，只有在不断的实践中归纳总结经验和教训，才能够构建出真正的高效课堂。

由上可知，所谓智慧课堂就是利用先进的信息技术构建的智能化和高效化的课堂，所以智慧课堂应该是高效课堂的分支。虽然现代信息技术在不断发展与突破，但如何将信息技术的优势转化为教学发展的优势仍是一个亟待解决的问题。目前，全国各地都在积极构建和应用高效课堂，虽然取得了一定的成果，但也存在许多缺陷和不足。比如：传统的储备、管理和呈现教学资源的方式已经无法适应课堂教学的实际需求；师生之间的互动交流频率和次数不够；课堂评价过于表面化，仅仅是通过简单的打分方式对学生的学习结果进行评价，难以及时根据评价反馈的结果去帮助学生提高能力。现代化信息技术的高速发展，为构建高效课堂创造了有利的环境和条件，基于技术的多样化、情境化创设教学环境，能够调动学生自主学习的积极性，进一步提高教学资源的开放程度和利用效率；通过教学数据分析进行教学评价和决策，能够实现基于实际的教学；信息化教学模式在很大程度上与学生的个性化发展需求是相匹配的。

以上皆是智慧课堂的优势与特点。此外，构建智慧课堂的前提就是构建高效课堂，但这并不是唯一前提，与一般的高效课堂相比，智慧课堂所具备的功能更加丰富和强大，因为它利用了更多的现代化信息技术，能够构建出更理想化和智慧化的教学场景。

（三）智慧课堂与未来课堂

未来课堂与智慧课堂关系密切。所谓未来课堂指的是利用集成信息技术和软件，为学生创造出可替代可选择的新型课堂，在未来课堂中，学生能够通过合作的方式完成学习任务，并分享自己的心得体会和经验教训，逐步形成概念化学习的意识和能力，不再依靠单纯的记忆方式去学习。与传统课堂相比，未来课堂对相关的理论和技术支持提出了更高的要求，即将人力、资源、技术、环境和方法等构成要素有机地结合在一起，为学生创造出灵活多变的教学活动和教学场景。未来课堂的主要特征体现在个性化、开放化、智能化、生态化以及人性化等多个方面。基于信息技术在课堂教学中的深度应用，人们对未来课堂有了新的理解，认为未来课堂作为一种教学信息生态系统，具备信息生态系统的系统性、多样性、动态性、开放性、创新性等特征，故未来课堂的生态信息系统必须是由人、信息、课堂教学环境等要素相互作用、相互影响才能构成的。由此可见，国内外学者普遍认为未来课堂就是利用现代信息技术构建的新型课堂。

众所周知，智慧课堂就是在数字课堂的基础上借助信息技术发展而来的全新课堂，所以其应该是未来课堂的一种。反过来，未来课堂也具有智慧化的内涵。实际上，未来课堂相当于一种智慧化的学习环境，所以未来课堂的特征之一就是智能化。未来课堂是利用现代信息技术构建的和谐交互的智慧化学习环境，而构成该环境的要素既包括智能化的学习空间，也包括智慧化的现代信息技术的支持与帮助。未来课堂作为一种智慧学习环境，其智慧性主要体现在技术和环境层面以及资源和服务层面。

未来课堂本身就具有智慧化特征，智慧课堂是"互联网+"时代智能化的技术系统与实际教学模式有机融合的产物，也是未来教育改革的主要趋势。智慧课堂在不同的发展阶段具有不同的发展目标，在"互联网+"时代和教育大数据发展背景下，利用教学数据生成教学智慧及基于数据智能的智慧课堂是未来课堂研究与发展的热点和重点，其又在课堂环境的智慧升级、课堂教学的智慧重构、学习历程的智慧优化、教学评价的智慧发展等方面凸显了未来课堂智慧化发展的特点与规律。用数据智慧重构未来课堂，任重而道远。

三、智慧课堂的新定义

（一）智慧课堂的新要求

从教学应用的视域来看，新的时代背景下智慧课堂应该聚焦于利用现代化信息技术促进师生之间教与学的互动交流，聚焦于学科素养发展。智慧课堂是先进的信息化技术与课堂教学模式有机结合的全新产物，是教育改革与课堂改革的主要趋势，也是课堂教学的全新形态和模式。为此，笔者在2015年和2017年不断优化和完善智慧课堂的概念和定义，对新型的智慧课堂概念提出了以下几点全新的要求。

（1）在服务宗旨上，应教育信息化2.0时代的发展要求，实现教学信息化和信息化教学之间的转换，更好地适应新时代教育改革和人才培养的变化，以培养和提高学生核心素养为基本原则。以建构主义理论和联通主义理论为指导思想，强调学生在教育实践中的主体地位，实现从以课堂教学为主向以学生个性化学习为主的转变，重点关注学生的个性化发展和成长，帮助学生将所需知识转化为自身的智慧，为学生的个性化发展和成长提供力所能及的帮助。

（2）在技术策略上，坚持"技术引领、平台支持、环境支撑"策略，充分借助新一代的信息技术，比如大数据、人工智能和物联网等技术构建智能化和高效化的课堂。创建智能化智慧课堂的信息化管理平台，借助大数据技术实现智能化的检索、测评和推荐交互，构建网络化、智能化和数据化的交流互动平台，提高师生之间的沟通交流和互动频率，创造智能化的教学和学习场景。

（3）在体系构架上，其核心在于实现系统的智能化升级，从微云服务器转变为智能化平台，从智慧教学环境转变为智慧课堂生态教学环境，从信息化服务转变为智能化服务，在利用信息技术构建智能化智慧课堂服务平台的基础上，利用AI技术为其赋能，构建出生态和谐的智慧化教学体系。

（4）在应用场景上，智慧课堂教学的应用场景和领域需要进一步扩大，实现线上与线下、虚拟与现实、课内与课外的相互转化，为个性化学习、智能化测评和科学化管理创造良好的环境与条件，让智慧课堂教学在教学实践中得到全方位的推广和应用。

（5）在实践模式上，智慧课堂的实际教学应用应该从试点应用向常态化和深度化应用转变，实现从分析智慧课堂的共性特征向分析不同学科智慧课堂的个性化特征的转变，探索一般智慧课堂教学模式向探索不同学科智慧课堂教学模式的转变，以及培养学生学科知识核心素养向培养学生智慧化发展的转变。

（二）新一代智慧课堂的定义

随着时代的发展与进步，智慧课堂未来的发展趋势和客观需求正在逐渐发生变化，所以需要对智慧课堂的概念、定义、特征和内涵不断做出调整。结合以上的分析结果，笔者对智慧课堂的定义做出以下调整。

新一代智慧课堂其实就是传统智慧课堂的升级版，是以建构主义等理论为指导，以培养学生核心素养为原则，借助物联网、大数据、人工智能等现代化信息技术构建的智能化、高效化的新型课堂。其为师生创设了智能化、网络化、数据化的教学和学习场景，实现了线上与线下、虚拟与现实以及课内和课外的相互转化，是一个创新型的学科智慧教学模式，能够实现个性化的教与学，达到因材施教的目的，有利于学生将所需的知识技能转化为自己的智慧。

新一代智慧课堂在服务宗旨、技术策略、体系构架、应用场景和实践模式等方面，对其自身的内涵和特征赋予了全新的定义。新一代智慧课堂是课堂信息化发展的新阶段，是对现有智慧课堂概念的升级完善和深化发展，是大数据、人工智能等最新科技成果与课堂教学深度融合和创新的结果。概括地说，新一代智慧课堂的"根本目的"是着眼于核心素养发展，打造智能高效课堂；"建设路径"是构建整体架构、创设智能化环境、支持全场景应用；"推进目标"是实现模式创新、精准教学、转识为智。

四、智慧课堂的基本内涵

新一代智慧课堂的发展已经逐渐适应了新时代赋予智慧课堂发展的新要求，也体现了新的信息技术背景下智慧课堂的新内涵和价值。在正确理解智慧课堂新定义的基础上，需要正确把握以下几个方面的内涵。

（一）依据建构主义等学习理论进行顶层设计

首先要明确构建智慧课堂的基本理论，即在建构主义和联通主义等学习理论的基础上构建顶层的逻辑概念。建构主义认为在特殊的社会文化背景下，学生需要在教师和他人的帮助下，利用教材和辅助学习资料并以构建的方式进行学习，才能理解学习的真谛和意义。

联通主义认为学习不再是一个人的活动，而是连接专门节点和信息源的过程，其提出基于技术中介的学习以及在与别人对话的过程中学习的方法。在互联网时代，建构主义和联通主义等学习理论是教育改革的核心理论，也是设计互联网教学模式的指导思想和指导理念，为构建智慧课堂提供了一定的理论参考和依据。参考建构主义和联通主义等学习理论来设计智慧课堂的教学模式和教学环境，需要坚持以学生为主体的核心思想，准确把握情境创设、协商会话、信息提供、联通共享等关键要素，增强学生的主体地位，激发学生的学习积极性和主观性，促进师生之间的沟通交流和互动合作。

（二）采用大数据技术解决传统教学中的难题

以往的班级授课模式在长期的教育实践中暴露出诸多缺陷和不足，其在教育实践中以教师为主体，在经验教训的基础上很难实现师生互动交流与课内外合作。目前许多学校已经意识到此问题的严重性，但利用传统的模式和技术却很难解决实际遇到的问题。而智能化课堂教学平台借助大数据技术对教学决策、评价反馈、互动交流、资源推算和教学呈现进行技术分析，增进了课堂学习的交互与协作，有效地解决了传统教学中存在的难题。从实际课堂教学的角度来看，通过大数据技术可以有效地体现实际的教学水平和质量。比如：利用大数据技术可以对学生的作业完成率、课堂表现情况、识字准确率、回答问题频率、师生互动时长和频率等内容进行实时监控和测评，然后对收集的数据信息进行分析处理，教师就不再需要依靠自己传统的教学经验去判断学生的学习效果，只需要利用大数据技术对课堂教学数据进行分析处理即可。以数据为基准做出更加科学合理的教学决策，才能解决传统教学遇到的各种难题。

（三）利用智能技术实现个性化学习和因材施教

虽然现代教育改革理念一直强调在实际教学实践中要以学生为主体开展个性化教学，但在传统的课堂教学模式中，教师要照顾到很多学生的学习需求，没有足够的时间和精力为每一位学生提供个性化的学习帮助，而利用人工智能等新技术可以有效地解决这一问题。例如：信息技术可以进行智能化学习分析，给教师提供最为个性化的学生特点信息，使得教师可以时刻关注学生的学习行为、过程和表现，真实地了解学生的学习动态，并根据反馈的结果及时调整教学模式和教学内容，做到真正的因材施教。比如：利用智能技术提前给学生布置预习作业，对学生的预习结果进行测评，根据反馈的结果来调整教学设计的内容，实现精准化教学；利用智能技术在课堂教学中推送随堂测验习题，要求学生在课堂完成，并对其完成效果进行数据测评和分析，及时优化调整教学策略和进度；利用智能技术给学生布置课后作业，并给学生推送与之相关的学习资料，为学生的个性化学习提供力所能及的帮助；等等。

（四）打造"云—台—端"环境以促进教学结构性变革

构建、推广和应用智慧课堂离不开先进的信息技术的支持和帮助，通过构建由智能云服务、智能平台和智能端应用工具组成的"云—台—端"服务系统，部署和应用智慧课堂的信息化、智能化学习环境。信息化智慧课堂平台能够为师生提供教学与学习资源的信息化管理服务和评价等功能，利用教室的多媒体终端设备实现智能化的连接与应用，彻底打破了传统课堂的环境与布局，为师生之间、生生之间的互动交流创造了有利的环境与条件。师生利用云平台和智能终端设备可以实现线上和线下、课内与课外的互动交流，彻底打破了传统课堂教学模式的时空限制，有利于优化完善课堂教学的结构和流程。

（五）从知识学习走向智慧发展，促进核心素养的提升

构建、推广和应用智慧课堂的本质目的在于利用新一代的智能信息技术为师生创建理想化和智能化的教学与学习场景，促进知识学习向智慧发展转变。知识与智慧属于意识活动的两个不同层次。智慧来自知识，智慧与知识之间存在非常紧密的联系。而管理知识就是将知识转化为富有智慧的创新能力，根据DIKW模型可以看出数据、信息、知识到智慧的演变规律，为我们提供了一条清晰的课堂智慧生成路径：在教学情境的协助下，教学数据被赋予了丰富的教育内涵，进而转变为有价值的教学信息，再经思维共同体的认知加工演变为鲜活的教学知识。这些知识在教学应用中逐渐升华为教与学的智慧，推动了以数据智慧为主导的智慧课堂的发展，这便形成了课堂智慧化变革的发展趋向，从智慧生成视角揭示了智慧课堂是在技术与教学双向深度融合基础上的教学流程再造与智慧生成，是一个真正为教师与学生提供无限参与和自我价值提升的发展空间。

第二节　智慧课堂的体系构成

通过借助智能化技术构建智慧课堂的方式，能够实现线上与线下、虚拟与现实、课内与课外的相互转化，为师生构建集人、环境和技术为一体的互动交流平台，有利于构建科学完善的智慧课堂教学体系。

一、智慧课堂教学体系的总体框架

在互联网时代的背景下，构建新型智慧课堂就是利用智能化信息技术构建生态课堂教学系统，对学生的学习动态和成果进行实时数据分析，是一种全新的教学模式和形态。首先，构建智慧课堂离不开先进的信息技术的支持和帮助；其次，课堂的创新和变革需要借助技术系统的支持，以构建出全新形态的课堂教学模式和教学体系。与传统的智能教室和未来教室相比，智慧课堂对技术系统和环境提出了更高层次的要求，即构建集人、资源、技术、系统、环境为一体的生态化、智能化和信息化的课堂教学系统。

在构建智慧课堂教学体系的过程中，要平衡好人、系统与教学活动之间的结构和关系，智慧课堂教学体系的总体框架见表1-2-1。

表1-2-1　智慧课堂教学体系的总体框架

智能教学框架层次	构成要素
智慧教学应用层	课前、课中、课后
智能端服务层	管理者、教师、学生、家长（资源推送、微课制作与应用、智能评价、端应用工具、第三方App）
智能评价支持层	GAP综合评价、测试系统、动态评价分析
智能资源服务层	课程标准、电子教材、题库系统、动态数据、教育管理信息

二、智慧课堂教学体系的组成部分

从上表所示的智慧课堂教学体系的框架来看,其整体上是按照从下至上的顺序来搭建结构的,主要由智能资源服务层、智能评价支持层、智能端服务层和智慧教学应用层这四个层次组成,下面将分别阐述这四个层次的内容。

(一)智能资源服务层

在整个智慧课堂教学模式中,智能资源服务层的主要作用是提供基础的教学内容,为实现智慧化的教学创造有利的条件,为云部署的服务方式打下一定的基础。其涉及的关键技术有智能化管理、检索和推荐等,具体操作是在智能化资源管理平台的基础上收集整理与课程教学相关的教材资料和课程标准,并将其纳入教学资源库中,借助智能化信息技术对其进行管理和支配。

(二)智能评价支持层

在智慧课堂教学体系中,智能评价支持层的地位和作用是无可取代的,其是对学生学习动态和学习成果进行数据分析评价的核心所在。其涉及的技术有大数据分析和智能化测评等,主要作用在于对实际教学和学习效果进行综合性诊断和测评。智能评价支持层主要由测试和动态评价分析系统、GPA综合评价与教学质量评价系统等构成。

(三)智能端服务层

智能端服务层主要由两部分组成,一是支持应用的软件设备,二是硬件设备。软件设备的主要作用在于为智慧课堂提供应用支持和帮助,主要是通过移动终端设备安装应用软件来为学习者提供智能化管理和应用服务。软件设备主要包括制作和应用智能微课、统计分析评价结果、智能化推送学习资源以及提供沟通交流工具等。而硬件设备主要指的是智慧课堂中所使用的智能终端等设备,如智能手机、可穿戴智能设备以及智能PC端等,其使用的人群主要是教师、学生、管理者和家长。

(四)智慧教学应用层

智慧教学应用层的主要作用是实现教与学的互动交流,为师生提供线上与线下、课内与课外的互动交流服务平台。其应用流程主要由三个环节组成，一是课前环节，即分析学习情况、设计教学内容和预习测评；二是课中环境，即引导课题、实施检测和归纳总结；三是课后环境，即课后作业辅导和反思评价。

三、智慧课堂的构成要素

根据上文研究的智慧课堂的内涵来看，想要构建智慧课堂必须搞清楚其三大基本构成要素，即智慧教育观念、智慧课堂环境以及智慧教学活动。智慧教育观念是构建的核心所在，智慧课堂环境是实施的重要辅助工具，而智慧教学活动是实施的主要载体，只有平衡三者之间的关系才能构建真正意义上的智慧课堂，才能帮助学生实现个性化和智慧化的成长与发展。

（一）智慧教育观念

智慧教育观念基本上涵盖了所有的学习理论，如建构主义、联通主义、个性化教育等理论概念，这些理论概念为构建智慧课堂提供了一定的理论依据。首先，个性化教育理念强调要以学生为主体，正确对待学生之间的差异性，重视培养学生的个人能力，在实际教学过程中要以学生的实际需求为核心，调动学生主动参与，提高学生的积极性和兴趣。在智慧课堂中针对学习环境、资源以及教学方式的要求与个性化教育理念是非常契合的，都是对学生的学习情况进行实时分析，对学生的学习行为、学习表现和学习效果进行测评，针对学生的个性化学习需求调整教学内容和教学模式，为学生及时推送个性化的学习资源，实现真正意义上的因材施教和个性化教育。其次，智慧教育理念是借助先进的智能化信息技术构建的全新的教育模式和教育形态，其具有个性化、智能化、网络化、数据化等特点。构建智慧课堂是以课堂为基础去验证智慧教育理念的具体实践，所以智慧课堂基本上涵盖了智慧教育的所有特征和基本理念。而建构主义和联通主义等可以为构建智慧课堂提供一定的理论依据和参考，具有一定的指导实践的作用和意义。

（二）智慧课堂环境

智慧课堂环境就是利用大数据、云计算和人工智能等信息技术构建的集"云—台—端"为一体的智能化课堂综合信息服务平台，其主要作用在于为课堂教学提供智能化的信息服务和帮助。其中，智能云服务涉及学习、虚拟化、资源调度以及计算和存储等技术，其提供的功能和服务主要包括制作和管理微课、实时推送在线学习资源、智能测评和线上互动交流等，以尽可能地满足师生对教学资源和互动的实际需求。比如：教师利用智能化服务平台为学生布置课前和课后作业，并对学生作业的完成情况进行智能化批改，教师根据批改反馈的结果了解学生学习情况和学习状态，及时调整教学方式和教学内容；系统还能为学生及时推送具有针对性的学习资源，学生可以利用平台随时随地查阅资源和保存查阅进度。

构建智能化教室平台涉及智能控制、多媒体以及环境感知等多项技术，其主要功能在于实现数据收集整理、智能化记录和批改以及实时监控管理等，师生的教与学过程中的所有内容都会被自动收集并上传到平台终端，平台会对收集的数据进行分析加工和处理，以帮助教师根据反馈的结果及时调整教学模式和教学内容，实现精准式教学。比如：教师可以利用终端将学习资料投送到学生终端上，在课堂上实现即时的作业批注和互动点评，学生也能够及时寻求教师的帮助。此外，智能平台还具有一键录制的功能，可以将课堂教学的资源和数据记录在平台终端，教师可以利用终端平台实现智能化的环境调控、推送教学和学习资源以及批改课堂作业。

智能终端应用工具涉及的技术主要包括实时通信、人机交互、数据同步、决策算法等，涉及的终端设备主要包括智能手机、电脑、高清摄像头、无线话筒等，这些都是智慧课堂教学所需要的硬件设备。教师可以使用智能终端来制作微课，并推送给学生让其提前预习，还可以利用终端来布置和批改作业、实时记录学生在课堂上的表现。而学生则可以利用智能终端查阅相关学习资料，查看老师批改的作业。由此可见，智慧课堂环境具有智能化和一体化等特征，为构建智慧课堂提供了物质基础，为开展智慧教学活动创造了有利的环境和条件。

综上所述，新一代的智慧课堂环境指的是集智能云服务、教室智能平台和智能终端为一体的信息互动交流合作平台，其能够实现数据的实时收集、分析、处理和反馈，为构建智慧课堂创造便利的条件，有利于推广和普及应用智慧课堂。

（三）智慧教学活动

在整个智慧课堂体系中，智慧教学活动发挥着不可替代的作用，师生之间的互动交流都需要借助智慧教学活动才能实现。教师在为学生创设个性化教学场景的过程中离不开智慧教学活动的支持与帮助，学生在探索智能化学习的道路上也需要智慧教学活动的帮助。师生利用智能终端可以有效地开展多元化的互动交流，有利于解决实际教学过程中遇到的各种问题，有利于帮助学生构建知识架构，多元化和智能化的教学评价也能够帮助学生将所学的知识技能转化为属于自己的智慧。

智慧教学活动涉及多个主体和维度，有利于打破传统教学活动的时空限制，学生能够随时随地进行学习。教师借助大数据技术能够收集和分析智慧教学活动中的相关数据，并根据数据分析反馈的结果对实际教学成果和学习成果进行综合评估，最大限度地提高教学效率和质量。在智慧教育观念的背景下，教师通过开展智慧教学活动的方式引导学生掌握智慧学习的方法和理念，不断锻炼和提高学生的自主探究意识和能力，使他们学习的知识最终转化为属于自己的智慧。但值得注意的是，学生不可能在短期内就形成智慧，只有教师坚持长期为学生提供更多的智慧教学活动，才能促进教育的变革和人才培养模式的变革，才能更好地达成智慧课堂教学的核心目的，因此，必须重视开展智慧教学活动的必要性。

在构建智慧课堂之前，首先，要明确智慧教育理念的重要性，科学合理地构建智慧课堂环境和教学活动。其次，教育观念要随着时代的变化及时做出调整。要根据新课改和新考试评价改革的要求，以培养学生学科核心素养为根本，利用新一代信息技术创造全新的人才培养模式和教育模式。通过人工智能和大数据等信息技术来构建全新的智能化和信息化课堂教学环境，不断提高课堂教学的效率和质量。最后，要以课堂教学内容为核心，创设不同类型的智慧教学活动，加速信息技术与课堂教学模式的深度融合，构建智能化和信息化的课堂教学体系，以培养和提高学生智慧能力为核心，不断为构建智慧课堂注入新的发展活力。

第三节 智慧课堂教学的样态

一、样态与教学样态的含义

西方哲学研究领域产生了样态这一新的概念，指的是事物存在需要满足的条件，与事物存在的形式、方式以及内在结构有关。样态可以描述为在实体基础上出现的变形。虽然实体不会受到环境影响而发生质的变化，但样态却长期处于动态变化之中。由此可见，样态的定义和概念应描述为事物微观视角相互之间的联系，即便会受到实体关系的影响，但不会随之发生变化。样态包含多个过程，有对原型结构的质疑，有对事物的认知与改造，事物的认识过程存在反复的否定再否定。样态指的是不同事物相互之间存在的内部联系，如果事物的状态发生变化或是社会需求不断改变，那么样态也会随之改变。样态来源于理论研究与实践证实，是两者相互结合获得的产物。理论的研究与学习能够为样态的表现提供重要的指导，而实践的论证则有助于样态理论的丰富与完善，基于理论与实践的相互结合来实现样态的稳定发展。

结合上述对样态概念和定义的总结与归纳，我们可以将教学样态描述为教学理论与教学实践深度融合以后呈现出来的教学过程。一些学者表示，我们应该基于教学理论来研究教学样态的相关问题，根据教学实践对教学样态的概念和定义进行阐述，将其描述为一种围绕既定教学目标和教学任务所开展的具有较强稳定性和适用性的教学范型。在社会快速发展的今天，教学理论的结构更加科学，内容更加完善，为教学实践活动的有序开展提供了重要的理论指导，也促使教学样态朝着稳定和成熟的方向发展。教学样态通常涉及五个核心要素。一是理论思想。其是教学样态的关键要素之一，也是指导教学活动的理论基础，在教学活动的开展过程中无处不在，发挥了重要的作用和功能。二是教学目标。日常教学活动的开展离不开教学目标的指引，只有确定科学合理的教学目标，才能保证教学活动朝着既定的方向推进，才能保证教学活动的质量和效率。三是教学流程。在明确教学理论思想以及教学目标以后，需要规划教学活动的流程，确保各个环节相互关联，密不可分，循序渐进。四是师生关系。教师是开展教学活动的主导者，而学生则是教学活动的核心主体，教师和学生都是教学活动有序开展过程中不可或缺的关键角色，教师和学生之间的关系直接影响着教学质量和教学水平。五是教学策略。教学策略的提出与实施包含了教学活动的各个环节，需要提出明确的教学目标，规划合理的教学流程，需要引入有效的教学方法，丰富的教学形式，还需要利用各种各样的教学媒体来辅助教学，等等。根据以上的研究结论可知，教学样态的概念和定义即是教师和学生在"教"与"学"的各个环节，通过理论与实践的相互结合表现出来的具有动态性、连贯性、稳定性的样式和状态。

二、智慧教学样态的类型

（一）翻转课堂模式下的智慧教学

翻转课堂的出现给传统课堂带来了剧烈的冲击，以往"先教后学"的教学模式逐渐被"先学后教"的教学模式所替代。也就是说，教师会在课前对学生进行知识传递，利用先进的多媒体技术录制教学视频让学生在课前观看，接触新的知识，并开展自发的学习。进入课堂教学环节以后，教师会要求学生以分组的形式对预习时发现的问题进行沟通、讨论和交流，促使学生进行知识内化，同时增进教师和学生之间的社会人际关系程度。翻转课堂的提出与实施对于教育的改革和创新意义重大，通过先进的网络技术来消除传统教学模式的弊端和缺点，打破时间和空间的桎梏，真正做到了课堂流程的翻转，是教育教学的重大突破与创新。

相较于传统课堂，翻转课堂的教学模式非常注重知识内化，通过教师与学生的相互沟通和互动来帮助学生找出学习过程中遇到的各种各样的问题，并逐一进行指导教学。在翻转课堂策略实施的过程中，教师和学生之间的沟通不仅能够帮助学生及时找出问题，还能增进师生的关系，培养学生的语言表达能力和逻辑思维能力，为学生的全面发展奠定基础。不过应该注意的一点是，翻转课堂既有优点也有缺点，其在某些方面始终受到一定程度的约束和限制。由于学生接触新知识和学习新知识的环节发生在课堂以外，所以其对学生的自制力有着一定的要求。假设学生不具备较强的自觉性，那么必定会对知识学习的效率和质量产生负面的影响，切实保证学习质量的难度较大，同时也不利于教师对学生学习过程的监督和控制。但是，如果可以尝试建立智慧教学平台，以此来作为收集数据和资料的工具，就能有效保证教学效果，还能发挥一定的后台监测作用。比如：教师在课堂教学开始之前，利用多媒体技术来设计教学视频，通过智慧教学平台定时发布给学生，要求学生按照流程和步骤完成一系列的学习任务，并在任务完成以后表达自身的看法和意见。教师对学生的任务完成情况进行监督和检查，及时发现问题，引导学生以分组的形式对学习过程中遇到的问题进行讨论和分析。在课堂教学环节结束以后，学生可以自发地登录平台进行交流和互动，也可以上传个人作品，为教师推送学习资源提供参考依据。

（二）电子书包支持下的智慧教学

电子书包支持下的智慧教学是一种新型的教育教学系统，融合了云平台、智能学习终端等多项技术。其是通过教学资源的整合、归类与利用来提高教学效率和教学质量，为学生提供优质的教学服务，能够有效提升教学管理水平，也能为学生创造更多的学习空间和发展空间。现如今，电子设备的尺寸越来越小，整体结构更加轻薄，以平板电脑（Pad）为代表的电子设备逐渐成为安装运用电子书包系统的常见载体，深受教师和学生的青睐。

平板电脑的出现为人们的日常生活和工作提供了便利，得到大众的喜爱。与电脑相比，平板电脑无论是在体积还是重量方面都有明显的优势，也不会受到时间和空间的约束，在任何时间、任何地点都能实现高效办公，并且其还具有携带方便、操作简单的特点。平板电脑在教学领域的广泛应用，已经证实了这一新型电子设备的优点和优势。平板电脑能够存储大量的教学资源，方便教师和学生随时调用，还能完成丰富的信息交互功能，增进师生的互动关系，突出学生在教学中的主体地位。教师可以利用平板电脑向学生推送学习资源，从而有更多的时间和精力来对学生进行一对一的指导教学，有助于教学水平和教学效率的提升。

传统的数字化教学模式虽然引入了多媒体技术，但并未对课堂结构和样态产生显著的影响。多媒体在教学中的作用只存在于辅助层面，教师会利用多媒体来播放教学视频或展示一些与教学相关的图片，在这种情况下，教师是多媒体的使用者，学生则扮演了观察者的角色。随着平板电脑在课堂教学中的普及应用，教师能够借助平板电脑来增强与学生的互动，此时学生的身份就由观察者转变为了参与者，也凸显了学生在教学中的主体地位。举例来说，教师可以尝试在课堂教学中添加一些有趣的抢答环节，以激发学生的好奇心和求知欲，让学生主动参与其中，在学习知识的同时享受乐趣。从小组合作探究的层面来讲，学生可以借助平板电脑展示小组设计的作品，接受教师和同学的评价，让教师了解自己的作业完成情况，以找到自身的问题，及时地改进自己的学习方法。平板电脑在课堂教学中的普及与应用有助于提高学生在教学中的参与程度，实现知识和学习成果的交流与共享。就小学生来讲，他们的身心发展尚不成熟，思维非常跳跃，性格活泼，希望在任何场合表现自我，因此，教师可借助平板电脑来增设一些有趣的教学活动，鼓励学生在平板电脑上表达自己的想法，上传自己设计的作品，从而促使学生树立自信心和自尊心，为个人的全面发展打下坚实的基础。

三、智慧教学样态的特征

（一）智慧性

"智慧"一般被划入名词的范畴，指的是发现问题、分析问题以及解决问题的能力。在互联网快速发展的今天，智慧的定义和内涵变得更加丰富，学者和专家们也对"智慧"一词有了新的看法和观点。随着信息化技术在各个领域的普及和推广，"智慧"和人之间有了一定的关联。"智慧城市"这一概念的提出为"智慧"在各个领域的嫁接开了先河，"智慧教育""智慧校园"等词汇如雨后春笋般不断涌现，开始进入教育工作者的视野。而智慧教学样态往往表现出不同的含义，大致可从两个方面来论述。一方面，智慧教学样态指的是以"智慧"的方式来开展教学活动，教师在课堂教学前借助先进的信息技术整合教学所需的资源，结合自身的能力与智慧来设计关键的教学环节和流程，为后续的课堂教学活动开展奠定基础。教师在课堂教学活动开展的过程中，利用不同的教学媒体搭建教学环境，与学生进行深入的交流与沟通，以激发学生对学习的兴趣和热情，培养学生的自主学习能力。教师在课堂教学活动结束以后，结合学生的个体差异和水平层次来设计作业，利用智慧教学平台来了解检查学生作业的完成情况，对学生的作业完成效果进行客观的评价，为今后的教学策略提出与优化提供重要的参考依据。另一方面，教师借助先进的信息技术创设健康的智慧教学环境，在保留知识教学环节的同时，注重学生思维能力的培养与提升，促使学生在学习的过程中完成知识内化，进而以智慧的形式表现出来，为学生的全面发展创造有利的外部条件。

（二）个性化

教师应该注重学生的个性化差异，从而为其创设具有针对性的学习环境，确保每一个学生都能在学习中有所收获，有所发展。也就是说，学生虽然被归入相同的群体，但不同学生之间无论是性格还是能力都有着显著的区别。教师需要根据学生的个性化表现提出适合学生的教学方法，创设差异化的教学环境。按照智慧教学样态的理论和说法，教师必须对现有的教学资源进行整合，引导学生结合自身的兴趣和需求来选择最优的学习方法，把控学习进度，有效保证学习质量和教学效率。

教师需要利用智慧教学平台了解学生的兴趣、能力以及性格等各个方面的信息，以此为基础来设计适合学生的教学方法和教学策略。如果学生对某些教学内容有着浓厚的兴趣，教师可借助智慧教学平台来为这部分学生推送对应的学习资源；如果学生的知识掌握程度不高或学习能力薄弱，教师可借助智慧教学平台为这部分学生推送一些基础性的练习，促使学生对所学的知识进行巩固。此外，教师可借助智慧教学平台来搜集整理与学生学习相关的数据信息，包括学生不同阶段的考试成绩、学生的作业完成情况和学生设计制作的作品等，并对此给出客观的评价。随着虚拟技术在课堂教学中的深入应用，教师和学生之间的关系更加紧密，打破了时间和空间的限制，在任何地点、任何时间都能实现双方的良好交流。学生可借助智慧教学平台来选择自己感兴趣的课程，在完成课堂教学任务的同时促进自身的个性化发展。

（三）共享性

随着互联网时代的到来，资源共享也不再遥不可及。互联网的出现给人们的日常生活和工作学习带来了便利，在教育领域也得到广泛的普及和应用。互联网的兴起实现了社会的资源共享，虽然有些地区的经济和教育水平相对落后，但也能通过互联网实现课程教学资源的共享，以使其学生接受专业的教育和培训。从智慧教学的层面来说，教师能够在课堂教学活动开展之前利用互联网来整合相关的教学资源，以此作为课堂设计的参考依据。在课堂教学活动结束以后，教师也能利用智慧教学平台上传教学成果，与其他地区的教师针对教学实践进行讨论和交流，明确各自的优点和缺点，实现教师之间的互补互助。学生可以利用多媒体设备把个人的课堂作品展示在智慧教学平台上，与其他学生进行交流和互动，在激发自身学习兴趣和热情的同时，还能拓展知识面。学生在课后能够结合自身的兴趣爱好来选择差异化的教学课程，或是与其他同学交流学习方面的经验和心得，在发挥自身优点的同时改正缺点，提出不同的学习思路，有效提升自身的学习能力和核心素养。

（四）连续性

智慧教学样态具有明显的连续性，可以从两个方面来论述分析。一方面，样态时间与样态空间在不断扩展。传统的课堂教学模式在时间和空间上会受到一定的约束，可供教师支配的时间相对有限，如果不能在课堂上完成教学任务，必定会耽误后面的教学进度，从而引发一系列的教学问题。随着智慧教学的提出与应用，教师和学生在教与学阶段的限制被打破，师生能够利用互联网来开展一系列的教学活动，确保教学进度的可控。随着智慧教育环境的改变，教育教学的空间也得到显著的扩展，不管是教室还是博物馆，抑或是家庭，都可能成为教学的空间环境。站在教师的立场来讲，教学活动的开展不再受到时间和空间的限制，利用先进的多媒体技术和信息技术能够在不同时间和地点范围内实现教学，通过教学资源的共享和整合来构建泛在式学习的教学体系。

另一方面，教学环节之间存在一定的连续性。在传统教学模式中，不同教学环节之间有着明显的断层现象。教师在课堂教学开始之前需要设计教学流程，在课堂教学开展的过程中需要传授给学生理论知识，在课堂教学结束以后需要布置课后作业。从课前教学设计的层面来讲，教师一般会根据教材和教案等资料来完成教学设计，这种情况必定会导致学生的学习情况和学习兴趣得不到关注，最终的结果就是学生对学习的热情和积极性普遍不高。随着智慧教学模式的提出与应用，教师能够利用智慧教学平台对学生的学习偏好和能力进行预测与分析，切实了解学生的真实水平，或是以在线留言的渠道和路径来咨询学生的学习倾向，确保设计出的课堂教学课程既符合教学大纲的要求，也满足学生的学习需求。这样一来，教学内容的设计就更加科学、更加合理，可以为学生带来优质的教学服务，进一步提高教师的教学质量和学生的学习能力。教师在开展课堂教学活动的过程中，能够借助智慧教学系统来激发学生的学习兴趣，使学生主动参与其中，也能让教师对学生的学习情况和学习进度有深入的了解，以此作为调整教学策略和教学方案的依据。教师在课堂教学活动结束以后，能够借助智慧教学平台为学生设计课后作业，学生以分组或个人的形式完成作业并上传到平台上，方便教师快速检查，增强作业批改和修正的时效性和可靠性。教师应该根据学生的作业完成情况来找出学生在学习过程中存在的问题，并在后面的课堂教学中进行指正，帮助学生改正错误、取长补短、不断进步，切实保障学生的学习质量和效率。

综上所述，智慧教学模式的提出与应用，可实现课前教学、课中教学以及课后教学的联动和交互，从而构成一个完整的教学过程，在高效完成教学和学习任务的同时，促进学生的全面发展。

第四节 智慧课堂的教学流程结构、攻略与方法

一、智慧课堂的教学流程结构

对智慧课堂教学模式进行分析，应当先通过教学大局进行研究，也就是说，需探究智慧课堂相关流程结构，对智慧课堂整体方式进行发掘。由于在教育教学中充分利用了先进的信息技术，教学和技术逐步进行结合，使以往的教学结构和流程出现了显著改变，智慧课堂教学的独特流程结构也随之产生。

（一）从传统课堂教学流程到智慧课堂理想教学流程

1. 传统课堂教学流程

通过研究以往教学的流程结构和相关要素发现，传统教学流程主要实施的是"5+4模式"，也就是说，由包括备课与提问以及设计作业等在内"教"的5个步骤与"学"的4个环节（包括预习、听课以及回答教师提问等），还有师生的联系方式构成的特定过程，构建了从课前到课后一直不断推进的教学循环。传统课堂教学流程主要有简单易操作等优点，其不足之处则是教和学之间的联系模式较为简单，师生深入的交流比较少。

2. 智慧课堂理想教学流程

随着动态学习评价和大数据解析以及相关信息技术平台逐步应用于智慧课堂教学中，智慧课堂教学的流程结构和要素发生了显著改变。通过理想化态势看，在智慧课堂教学中，"教"的步骤有8个，包括学情统计、发布新任

务、资源发布、个性化推送与教学设计以及批改作业等；"学"的步骤也有8个，涉及预习、合作探究、课前探讨与随堂测试以及总结反思等，教师与学生的交流方式比较多。所以"8+8模式"就是理想的智慧课堂教学流程，其在课前、课中以及课后循环的基础上，对智慧教学进行不断优化。

3. 理想教学流程的整合与优化

由传统课堂教学流程到智慧课堂教学流程的发展，由先前的"5+4模式"到"8+8模式"的转变，全面展现了新时期先进信息技术加持下的教学改革的主要态势。然而，上述理想的"8+8模式"是特定的理论模型，通过智慧课堂教学的教和学相关要素和关联的理论研究发现，该模式包含了重大价值，但在教学实践应用中操作较为烦琐，没有显著的可行性。所以要进行不断改进，对具有明显可操作性的智慧课堂教学流程结构进行创建。

根据研究与整合"5+4模式""8+8模式"，在课堂具体操作中，教师不能将教和学视作分割的要素以建立理想的教学流程结构，应当以学生为核心，重视教和学的结合及互相渗透，建立教和学和谐统一的智慧课堂教学模式，即智慧课堂的一般教学流程。通过平台的教学互动，促进学生全面健康发展，详情见表1-4-1。

表1-4-1　传统课堂与智慧课堂教学流程结构比较分析

阶段	传统课堂教学流程结构（5+4模式）		智慧课堂实用教学流程结构（三段十步模式）	智慧课堂教学流程结构理论模型（8+8模式）	
	教师	学生	教与学统一（基于平台的教学互动）	学生	教师
课前	备课	预习	学情分析 预习测评 教学设计	预习与作业 课前讨论	学情统计 资源发布 教学设计
课中	讲课 提问 布置作业	听课 代表回答	情境创设 探究学习 实时检测 总结提升	展现分享 合作探究 随堂测试 巩固提升	课题导入 新任务下达 精讲与点评
课后	批改作业	完成作业	课后作业 微课辅导 反思评价	完成作业 总结反思	个性化推送 批改作业

（二）智慧课堂的教学流程结构分析

智慧课堂为教师的教和学生的学奠定了良好基础。在智慧课堂信息化平台的基础上，推动师生合作与沟通，让教师的教和学生的学互相融合、和谐统一。所以科学设计智慧课堂实用教学流程结构，需将教和学视作统一的整体来展开，运用"三段十步"的教学流程方式，也就是由三个教学阶段与十个教学环节构成，由此形成智慧课堂一般教学流程。其中，"三段"指的是智慧课堂是课前、课中和课后构建的课堂教学闭环，"十步"指的是十个教学步骤，包括学情统计、微课辅导、预习检测、总结提升与探究学习以及教学设计等，创建动态发展的、教和学协调统一的、理想的智慧教学过程。

在不同阶段实施"三段十步"的智慧课堂教学流程时，不仅需要承担推动学生智慧发展的整体任务，各阶段任务还有相应的特征与核心，以此创建智慧课堂的整个教学过程以及动态发展体系，分析内容主要包括以下层面。

1. 课前阶段——以学情分析为核心

在此阶段，任课教师备课与学生预习课文是传统课堂教学的任务，分析教材和写教案是备课的主要内容。分析学生现状大致是在直观感受与经验的基础上展开的，没有全面调研分析学情，学生预习主要是自主学习教师要求的书本知识，不能与其他同学一起进行探讨互动。而智慧课堂的教学准备可以有效弥补以上不足，基于学情探究对教学设计进行改进，从而让以学定教变成现实。内容大致如下：

（1）学情分析。教师借助智慧课堂信息化平台中的学生特点档案与学生成绩分析，充分了解学生的最新学情，对该节课教学任务进行创设，同时将微课预习和测评的内容发给学生。

（2）预习测评。学生对教师布置的富媒体学习内容进行预习，及时完成预习题。同时在相关平台展开探讨，将自己的观点与问题提出来，对预习中出现的重要问题进行记录。

（3）教学设计。教师通过学生预习测评反馈与学情探究结果，实现以学定教，明确教学模式与教学目标等，对教学方案不断进行改进。

2. 课中阶段——以师生互动为关键

教师讲授知识并向学生提问，学生认真听讲并回答教师的提问，这是传统课堂教学在课中阶段的任务。而智慧课堂教学的核心是在信息化平台的基础上组织实施各种模式的生生、师生沟通互动，内容大致如下：

（1）情境创设。在设计学习情境与课题导入上，可应用各种模式。例如：可以采取测评练习与预习反馈等形式，设计情境，对教学课题进行导入，或者让学生展示，从而检测其预习效果。然后教师对其中的问题进行分析与讲解，学生对预习过程中产生的疑问或者不理解的知识点进行有针对性的听讲，全身心投入课堂教学之中。

（2）探究学习。教师借助信息化平台，将新的学习任务与相关要求、随堂检测题推送给学生，同时引导学生开展探究活动、进行合作学习，并展示最终成果。

（3）实时检测。教师借助平台研判、评估学生的学习状况，将随堂检测发给学生，学生做完检测练习之后提交，并获得相应的反馈。

（4）总结提升。教师通过课堂探讨与随堂检测反馈，对重难点内容进行详细的讲解与分析，及时讲解学生难以理解的内容，对重点内容进行拓展延伸，将逐步深化师生交流，培养学生的创新思维，为学生的意义建构夯筑良好基石。

3. 课后阶段——以个性化辅导为重点

传统课堂教学课后阶段的主要内容是学生做教师布置的作业，教师对学生提交的作业进行批改，作业是统一布置的，反馈与批改的时间较为滞后，通常是学生交完作业之后，再过一两节课才能获得反馈，讲评作业通常是对学生的共性问题进行讲解。而智慧课堂教学对以上状况进行了改进，通过信息化平台组织实施个性化辅导，让课堂教学更有针对性。内容大致如下：

（1）课后作业。教师通过平台推送相应的课后作业，学生做完作业、提交作业，及时获得相应的反馈。

（2）微课辅导。教师通过学生在课堂上的表现，并与批改作业有机融合，制作微课，精准推送给学生，组织实施个性化辅导。

（3）反思评价。学生通过平台观看作业批改微课，并将自己在学习过程中产生的疑惑和观点看法发布到平台上，与其他同学以及教师进行交流探讨，及时进行反思。同时，教师借助平台反馈至下节课的备课中，从而为教学的优化提供借鉴。

二、智慧课堂的备课攻略

教师依据学科课标提出的要求以及该学科的特征，并与学生当前的实际状况有机融合，提前准备相关材料等，对学习内容与目标进行明确，选取适宜的表述方式，确保学生的学习效率明显提升，这就是课前教师备课的任务。智慧课堂教学备课，需要全面展现以学生为主的宗旨，对合适的学习情境与教学方案进行设置，从而为学生积极建构知识意义提供良好助力。此外，在教学设计中贯彻渗透智慧课堂的教学方式、教学思想以及教学手段，并展现在教学全程中。

（一）预设课程目标及教与学目标

1. 确定三位一体课程目标

新课程改革方案确立了三位一体的课程目标，即学校教育需实现的目标维度，包括知识与能力、过程和方法、情感态度和价值观。在创设智慧课堂目标时需围绕该要求来展开，同时借助智慧课堂提供的良好环境进行全面贯彻实施。

（1）知识与能力目标。通过学习与了解，学生获得了哪些启迪与认知，这是知识目标。比如：了解到动物具有相应情感、知晓分数的主要特性等。能力指的是学生需要具有画、读、算，对信息进行取得、处理、应用以及应对具体问题、创新等能力。

（2）过程和方法目标。过程即基于学生认知的行、知和意等的培养与提升的过程，包括学生的气质和兴趣以及能力等层面。所谓方法，即学生在智慧课堂信息化环境的基础上学习知识，由此掌握的学习方法，如合作交流、问题探讨、总结提炼以及分析问题等方式。

（3）情感态度和价值观目标。在智慧课堂信息化环境中进行学习，由此产生的正确行为，这就是情感态度目标。其涉及正确的学习习惯、学习态度以及良好的意志力等。价值观即学生对课堂教学中问题的观点或者价值理念等。此目标凸显人类价值和自然价值、社会价值和个人价值、人文价值与科学价值的统一，以此培养学生正确的价值观，让其对人与自然和谐发展的理念有科学的认识。

2. 把三位一体课程目标具体为教与学的目标

三位一体课程目标各个维度都有一系列具体目标，无法通过一节课做到全面展现，但是需尽量与其三个层面相关联。在创设智慧课堂目标时，教师需通过这节课的具体教学内容，在信息环境应用的基础上，对合理的教学目标和学习目标进行设置，而又刚好能够在智慧课堂信息化教学的过程中，将三个层面的目标与之进行有效的结合。例如：对一次函数概念进行抽象总结以及自我实践体验；价值观目标的实现与情感态度的锻炼是将生活与之相联系；了解数学在日常生活运用过程中的实际价值。

（二）开展学情分析

对学生的现状进行充分明确，包括学生学习主要知识内容的状况、学生在学习过程中的心理状况以及社会特征等，这就是学情分析。

以学生为核心是智慧课堂的主要理念，如果在备课时没有充分了解学生，那么教学各步骤均有可能出现与学生的发展规律、学习需求不符的问题，教师做的所有努力都可能付诸东流。为了合理地展开学情分析，教师在日常工作中需要有意识地构建学生特征档案与学习档案。而信息化平台具有学生档案管理功能，可对学生的个体情况进行统计分析，从而提出合理的教学观点，为科学地设计课堂教学提供有效借鉴。

1. 学生特征档案管理

学生特征档案表格形式见表1-4-2。

表1-4-2 学生特征档案

学号	姓名	年龄	性别	性格	认知能力	对学习的期望	生活经验	经济、文化及社会背景

在这之中，一些内容指标的意思为：

（1）性格，即学生呈现的与学习有关的行为。在学生性格的表达上，通常选取沉稳（有自己的想法但表达能力不佳）、活跃（积极回答老师的提问）、懒惰（不主动参与课堂活动等）等来描述。

（2）认知能力，即学生加工处理所学知识的能力。在表述学生的这一能力时，通常选取一般、强等来描述。

（3）对学习的期望，即学生期待通过自身的学习可以实现的状态，还涉及学生的学习动机。一般通过家长的评价、兴趣与成绩等进行表述。

（4）生活经验，即学生做家务活等的具体状况。

（5）经济、文化及社会背景，即学生的家庭背景，涉及受教育状况和家长的工作等。

2. 学生学习档案管理

学生学习档案表格形式见表1-4-3。

表1-4-3 学生学习档案

学号	姓名	年龄	性别	学习内容	预习测评	课堂测评	作业成绩	掌握程度分析

此表格主要在此次课的相关环节使用,以便了解学生当前的学习状况。

(三)进行预习设计

对于教学备课而言,参照学习目标并与学生特征档案等的研究结果有机融合,教师就能合理地创设预习内容,对预习资料进行设计与供应,并在学生预习中使用。通常预习设计的关键要素包括学习重点、学习过程、学习内容与学习难点等。教师可以根据表1-4-4的模式,创设预习内容,并推送给学生,同时还需对上传预习检测题的时间进行设置。

表1-4-4 预习设计

学习内容		科目		时间		学生姓名	
学习目标							
学习重点							
学习难点	观看微课,学习富媒体资源						
学习过程	利用信息化平台推送						
困惑							

预习资料的形式主要有预习检测题、微课与富媒体资源等。

1. 微课设计与制作

(1)制作微课的核心要求。微型教学视频就是微课,即对特定知识内容进行讲解的教学短片,视频主要为知识讲解,旨在为学生学习、了解特定的知识内容提供有效助力。设计制作微课视频,需围绕以下要求展开:

① 知识内容简洁明了。以某教学步骤、某知识点或者某种教学活动为单位。

② 视频长度短小精悍。视频时间在10 min之内,易获得学生的关注且能充分传递与利用教学资源。数据量不大,便于进行网络传递,从而能为学生的自学奠定基础。

(2)微课教学的设计方案。制作微课之前需对微课教学方案进行规划。

(3)选取微课制作的工具。制作方式与应用的相关工具主要包括借助平板电脑和涂鸦工具制作、借助快课工具和PPT录制、通过录屏软件进行制作和选取拍摄设备录制教学视频。在选取微课制作形式与工具时，通常需要按照教学用途与微课内容进行选择。

2. 富媒体资源

传播信息的工具以及信息的载体即为媒体。从智慧课堂教学这一层面来看，富媒体资源是借助网络媒体传播的、与学生自主学习相匹配的多种语音、文档、影视以及图片等资料。富媒体资源存储和管理是在信息化平台基础上构建的资源管理子系统，可以提供多种学习资源的保存、收集以及存储等功能。

智慧课堂的教学内容前提是富媒体资源，其也是展开智慧课堂教学的关键资料。在智慧课堂教学备课上，利用富媒体教学资源是不可或缺的一个环节，需围绕以下层面来展开：

（1）挑选适宜的资源。从内容来源来看，智慧课堂的教学内容资料一部分来自富媒体资源，涉及网络课程、教学案例、全科数字化教材、参考资料、讨论题以及多媒体课件等。但是在具体运用中，并非每一次都需要用到各类资源，主要是按照每次课的具体要求进行选择。

（2）明确合理的资源推送方式。从富媒体资源的推送模式来看，有时是教师提供的文档与课件等资料传送，有时是推送一部分整理好的分类信息、网络检索的关键词等。例如：如果学生在网络上查找自己所需的资料，那么富媒体资源就能向学生推送归纳好的网址与检索的关键词等。

3. 预习测试题

在设计预习测试题时，需要将知识性、目的性与主体性有机融合。根据学习目标的要求，对预习测试题进行设计，让其与学生发展规律相匹配，符合其学习需求。智慧课堂注重学生自行建构知识，所以预习测试题需具有相应的探究性，建议让学生自己去摸索。同时，测试题难度需有一定的层次性，以能够让大部分学生感受到成功带来的愉悦感与成就感，题目应当多种多样，包括问答题、判断题与计算题等类型。教师还可以借助智慧课堂测评信息系统展开研究与批阅等工作。

三、智慧课堂常用的教学方法

智慧课堂教学方法是指智慧课堂教学中教师教的方法。教学方法是为教学目的服务的，只有紧密结合各类课程的教学特点，针对学科教学实际，利用智慧课堂信息化平台，精心设计和选择相适应的教学方法，才能收到良好的教学效果。在智慧课堂教学中，常用的教学方法主要有发现式教学、导学式教学、讨论式教学、个别化教学和情境化教学五种。

（一）发现式教学

发现式教学也称探究式教学，是教师指引学生识别问题，学生借助教师的帮助与引领展开自主分析与探究活动、摸索问题的答案，由此掌握学习知识的方式。发现式教学强调学生是知识的"发现者"、知识意义的"建构者"。学生的学习不再是被动地接受，而是积极主动地去探究，从而充分发挥学生的创造力、想象力，提升学生分析问题、处理问题的能力。在此过程中，借助智慧课堂信息化平台，教师能从教学大纲中引出符合内容特点和学生认知水平的典型探究课题，并通过口头讲解或智慧课堂信息化平台进行展现，创设相应的问题情境，制造悬念，吸引学生的注意力，激发学生强烈的求知欲，调动其探究的积极性。

1. 引导探究，提出假设

通过教师的指引，学生分析探究问题，构建应对问题的多种路径，并进行大胆的猜想和想象。学生借助智慧课堂信息化平台翻阅自己所需的资料，进而深入理解知识，提炼总结原理。

2. 分析论证，检验假设

指引学生从理论与实践这两个层面展开探究论证，深入发掘原理，并进行有效的加工与处理，通过适宜的语言进行描述。在论证结果上，可以借助网络中大量的信息，对假设与结论进行检验。

3. 总结提高，拓展应用

对学生的讨论和"发现"，要去粗取精，使之上升到抽象的认知层次，还要从抽象的层次转移到具体的情境中。利用现代信息技术创设形象、生动的情境，帮助学生理解问题，提高学生自主解决问题的能力，并不断优化其创造性思维。

（二）导学式教学

该教学模式是从学生自学入手，实行教师引导和学生自学相结合的一种方法。该教学模式的主要特点是，在教师的引导下，学生应用自学模式，上网检索、查阅大量的参考资料，再经过教师必要的讲解和引导，学生自主学习新知识，不断提升各技能。导学式教学还能在课后等环节中应用，在课前阶段，对学生课前预习进行引导，在课后阶段，引导学生进行实践摸索，对所学知识内容进行巩固。

处于智慧课堂信息化环境下，该教学模式的功能与显著特征大致如下。

1. 突出学生的主体地位

通过建构主义学习理论，围绕着素质教育提倡的主体性原则，在教学实践中指引学生全身心投入学习中，在教师指导下自主学习，真正实现"以学生为中心"，充分发挥学生在教学过程中的能动作用。

2. 发挥教师的主导作用

强调教师的主导作用在于"导"，学生的学是在教师指导下"学"和在"学"的基础上接受指导的统一。教师的"教"要为学生学习提供良好的支撑，教师不仅要对教学方式进行探究，还需对学习方式进行分析摸索，不但要将良好的学习方式传授给学生，而且还需让学生学以致用，灵活使用适宜的学习方法，从而对"教"和"学"进行统一。

3. 促进学生的智能发展

根据讲解知识和发展智能和谐统一的相关要求，对学生智能的提升进行密切关注。导学式教学活动实施的前提是学生自主学习，在课程教学中的各个环节贯彻渗透"学"，借助"教"为学生的智能发展提供良好支撑，将"导"的效能转化为学生的分析与摸索等的能力。

（三）讨论式教学

该教学模式是一种进行知识信息交流，智慧交互碰撞，互相启迪的特定方式。将该教学模式应用于智慧课堂中，能够拓展以往讨论式教学的空间，学生借助网络可以与其他学校甚至国内外任何学校的学生讨论问题，从而将单向平面型的知识传递、交流变为多向立体型传递、交流，使学生通过深入的讨论学到大量的新知识，逐步提升其思维能力，增加知识量，凸显生生之间与师生之间的交流与帮助。

智慧课堂信息化环境下的讨论式教学模式的功能与显著特征大致如下。

1. 讨论中的师生参与

讨论式教学方式属于多边活动的特定教学模式，不论采用什么具体形式，教师和学生都必然进入活动状态。这为学生迅速参与活动提供了良好助力，让学生变成知识的积极探索者、教学的坚决拥护者，有助于提升其组织能力与表达能力，有利于增强其研判问题、分析问题的能力，还能够有效提升其反应能力。

2. 讨论中的多向互动

借助丰富多样的探讨互动，对生生之间的信息传递有积极作用，有利于拓展学习的广度与深度，从而使学生的思想和知识有效增值，有利于教师快速接收反馈，通过学生探讨获得深刻启迪，从而对教学内容进行改进与拓展。

3. 讨论的多样化主题

讨论式教学模式大致包括：根据特定教学主题的主题式讨论法展开；重点在于"消化"和"吃透"所学理论知识的理解性讨论方式；选取理论研究与应对具体问题的探究式讨论法；包含适用性与归纳型，带有相应难度的比赛性讨论法；包含相应争议性与普遍性问题的辩论性讨论法；等等。

（四）个性化教学

个性化教学是为了适应学生个性化的需要、兴趣、能力和学习进度而设计的特定方式。个性化教学比较关注学生之间的个性差异，按照各位学生的具体需求与性格以及特长等进行教学。

当同一教材、教法不能满足班级教学中学生的程度差异时，为顾及个别学生的能力、兴趣以及有可能遇到的困难，教师需在教学中制订适宜的教学计划，为学生构建个性化的环境，向其提供合理的资源。个性化教学主要体现在以学习者为中心和满足学生个别需要两个方面。

处于智慧课堂信息化环境下，个性化教学的功能与显著特征大致如下。

1. 构建个性化的学习环境

智慧课堂信息化环境是最佳的个性化学习环境，以互联网和各种新媒体、新技术为载体和手段，能让学习者充分利用自己的学习环境来决定适合自己学习风格的学习内容呈现方式。如基于互联网教学可展开相应的互动和学习，学生在教师的规划与组织下，根据自身当前的具体状况来学习知识，利用网络可以在任何时间进行学习、参加讨论、获得在线帮助，克服传统教学中的"一刀切"的人为现象，从而真正实现个性化教学。

2. 提供个性化的教学资源

通过网络信息化平台，取得各种形式的数字化教学资源，如考试检测、学生论坛、各科答疑、学习交流与学习材料以及学生心理辅导等，将个性化的教学服务提供给有需要的学生。同时，网络中还有一些个性化的教育资源，如专业水平高的电子杂志、专题网站等，以上资源能够为学生自主学习创造广阔空间。

3. 进行个性化的诊断评价

智慧课堂信息化平台推出了多元化的学习评价与全程动态学习数据研究，可以对学生的学习能力展开个性化诊断，如采取线上线下相结合、自我评价和互评有机融合、终结性评价和过程性评价融为一体的多元点评，应用客观的测验、观察、交谈、学习行为记录与分析、学习档案袋测评等模式，科学合理地研判、评价学生的学习行为，这对因材施教的落实十分有利。

（五）情境化教学

情境化教学是指在教学过程中为了达到既定的教学目的，引入或创设与教学内容相适应的具体场景或氛围，以引起学生的情感体验，帮助学生更好地理解教学内容，促进学生发展的教学方法。情境化教学不仅可以激发学生的兴趣，而且有利于培养他们的创造性思维。智慧课堂教学利用信息技术设计合理的、直观的信息化教学情境，既可以激发学生学习的主动性、求知欲望和兴趣，又能促进学生乐学、善学，从而大大提高教学效果。

将情境化教学应用至智慧课堂信息化环境中，其主要功能与特点大致如下。

1. 创设问题情境

在学生探索知识心理与教学内容两者之间设计问题，提出富有思考性的问题，有效地启发诱导，使学生尽快地进入学习内容的情境中，这就是创设问题情境。其核心原则就是激发学生求知的积极性，调动其学习兴趣，也就是说，通过情境调动学生的情感，提升其学习兴趣。在智慧课堂教学中创设问题情境的方式多种多样，要全面应用信息资源与先进技术设计问题情境，让学生全身心沉浸其中。例如：借助视频、动画与音频等各种路径创设问题，提供富媒体资源，可为深入的合作学习与探讨奠定基础，促进学生深入探索，不断提升其创新能力。

2. 创设任务情境

在教学中安排相应的任务，将学生引入一种与任务有关的情境，引导其根据教学设计逐步完成学习任务，引起学生对学习的兴趣，激发学生的探求欲望，这就是创设任务情境。在智慧课堂教学中运用信息化手段设计任务驱动情境，给予学生学习的平台与相关资源，能够引导学生积极学习，指引其从多个层面与视角对比、探究情境内容，促进学生进行深入实践，从而在完成"任务"中建构新的认知结构。

3. 创设模拟情境

创设模拟情境，就是应用现代信息技术，把无法清晰观察的现象、难以理解的概念、操作难度大的实验和跨越时空的事物等，借助建立数学模型或其他方法进行信息化处理，最终以虚拟仿真的方式呈现出来。模拟情境教学动静结合、图文并茂，能够迅速调动学生的感官使其投入活动之中，让其获得有效信息，从而产生深刻的感性认识，还能够减少学生理解上的困难，有利于培养学生的形象思维能力，常用于仿真训练、实验教学、实训教学、角色扮演等教学中。例如：在模拟实验中，利用模拟软件和相关仪器设备，设计与主题相关的、尽可能接近真实的实验条件和实验环境，让学生进行模仿练习。

4. 创设协作情境

创设协作情境，就是利用互联网上多种交流工具创设有利于协作的学习环境。在智慧课堂教学中创设协作情境不仅具有传统教学协作互动的特征，更重要的是具有非线性的交互情境特征，即在信息化环境下，学生之间、学生和教师之间借助信息化互动和互动平台与应用软件，通过竞争、协作和角色扮演等展开学习，对特定问题进行分析、互动，一起完成既定任务。师生、生生等多边互动式教学，可以让学生通过能力发展掌握知识，提高学生的语言表达及人际交往能力，对其团结合作精神的树立、高级认知能力的提升、人际关系的和谐发展都有积极影响。

四、智慧课堂常用的学习方法

在智慧课堂教学实践中，学生为实现学习目标而在学习过程中采取的途径、方式和手段，就是智慧课堂学习方法。智慧课堂信息化平台为树立以学生为核心的理念建立了良好的学习氛围，通过这一良好氛围，学生可充分使用信息资源，通过信息化学习模式完成学习任务，对知识意义进行构建。智慧课堂教学实践中运用了丰富多样的信息化学习方式，其中应用范围比较广泛的有自主式学习、协作式学习、游戏化学习以及体验式学习四种。

（一）自主式学习

学生在独立的基础上，自主监控自身的学习，展开自我实施、自我设计与改进、全面展现自身主体地位的学习活动，就是自主式学习。智慧课堂教学实践中的自主式学习，即学生通过智慧课堂信息化平台的助力，自行展开从课前一直到课后相关学习活动的模式。智慧课堂教学实践中经常使用的学习方法就是自主式学习，这也是关键的学习方式之一。通常情况下，因为预习与温习巩固环节是学生在家完成的，在地理空间上具有独立性，而且完成这些任务时，主要靠学生自己独立发现问题、独立思考、监控自己的行为。这个过程充分依赖学生的自主性，交流互动对自主构建知识只是起辅助作用，因此，课前预习与课后巩固环节应用自主学习方式是比较关键的。在课中环节，开展测试与探究等活动也离不开自主学习模式。智慧课堂信息化平台有利于激发学生的求知欲与学习兴趣，促进其及时展开自主学习。

在智慧课堂教学中，自主式学习的关键环节包括以下三个方面。

1. 独立学习研讨资源

通过智慧课堂信息化平台，学生对教师发送的相关资源内容进行自主学习与探究，同时根据教师提出的问题，在网络中挖掘学习资源，对问题的有效处理方式进行分析发掘。网络可以为学生提供形象生动、多种多样的学习资源，学生从中取得的学习资源数量比较庞大，并且还包含多个层面与形态的资源。较之传统教学中有限的资源，信息化平台为学生使用资源提供了广阔的空间与有力的支持。资源选择范围的扩大是学生自学的基础与核心，能够为学生学习积极性的调动夯筑良好基石。

2. 独立思考探究问题

学生在自学时，需要对问题进行深入的思索与分析。一方面，这要求充分调动自身积累的知识，分析问题，获得初步结果。另一方面，需要借助教师提供的资料，或者自行到网络搜索阅览，利用系统的信息服务功能，通过信息收集和推理之类的活动，或者通过信息化平台与教师和其他同学交流探讨，发掘可靠的依据，得出对预设（通常由教师给出）问题的解答。

在探寻过程中，学生可能会发现自己初步的判断存在偏颇或缺陷，从而实现进一步优化。此种学习探究过程，能够培养学生的自主创新精神和创新能力。

3. 自主行动与反思

学生把在自学过程中积累的知识与获得的能力变成具体的实践，同时深入思考最终的结果，这就是自主行动与反思。学习者一是达到了学以致用的目的；二是提高了学习的兴趣；三是提升了创新意识；四是可对学习成效进行检验，对最终结果与行动问题、学习目标之间的关联进行反思，从而有效改进学习活动，突出自主学习的合理性与有效性。

（二）协作式学习

协作式学习也称小组合作学习，指的是学生通过小组协作这一方式参与学习，为了实现共同的目标，对职责进行细致划分，从而展开有效协作的学习方式。该学习方式是基于小组而展开的，其主要特征包括成员的自评、成员之间的相处方式与人际关系。智慧课堂教学实践中的一个主要学习方式就是协作式学习。

在智慧课堂信息化平台基础上构建的协作学习方式，即为智慧课堂协作式学习。其既包含了协作学习的主要特征，也展现了该信息化平台为协作学习的稳健发展发挥的重要作用，同时还为协作学习的快速发展与优化提供了有效助力。课前、课中、课后都可应用智慧课堂协作学习，其中，课前与课后的协作学习主要用于耗费时间比较长和纷繁复杂的学习任务，而课中的协作学习主要应用于短时的合作学习，可有效应对实际问题。从单一的一节智慧课堂教学来看，协作学习大致展现在课中阶段。在实施协作学习时，应当重视并努力做好分组、实施以及评价等工作。

1. 做好协作分组

实施协作式学习，首先应当进行分组，在学习的各个阶段可按照具体的学习要求与任务，运用相应的分组机制。因为信息化平台中保存了学生的学习档案与特征档案，所以在展开分组时，在分组类型中选取相对应的类型和每组人数，就能把学生划分为数个合作学习小组。智慧课堂信息化平台中的分组类型包括成绩分组、随机分组、异质分组与志趣分组等。

2. 开展合作探究

将协作式学习应用至智慧课堂教学中，关键是执行合作探究，要求主要包括以下几个层面。

（1）各成员需熟练应用信息化平台，熟练制作PPT，灵活使用搜索引擎和Excel等软件，为探究与协作交流做好铺垫。

（2）科学分工组织，各负其责同步展开，显著提升学习效益。将学习内容划分为数个模块，对成员进行合理分工，每人负责一个模块，并完成归类整理与收集材料等工作，将自己的想法说出来。智慧课堂信息化平台中的资源数量和种类较多，因此，可以快速收集相关资料信息，各成员同步开始工作，减少准备的时间。值得一提的是，因为每一个成员负责一个模块的内容，在后续的探讨中，一个成员就能扮演一个模块内容的引领者，从而培养学生的组织能力，逐步强化学生的协作能力。

（3）借助信息化平台进行资源共享，一起进行学习探究。在展开协作学习时，各成员可与其他人员共享自己在探究中发掘的材料信息与资源等，还可以与全班同学进行共享。小组成员可以将自己学习所得的结论以文字的形式，通过小组讨论栏进行公示，还可以在探讨时向其他成员展示自己的论据信息，从而为其他成员提出意见与观点带来便利。当小组内有无法处理的问题时，可通过信息化平台发掘有利的信息，或者借助平台向其他小组的人员或者教师求助，一直到小组成员达成共识为止，最后整理、上传协作学习的成果。

3. 进行评价反馈

实施协作式学习旨在提升学生的交际能力、积极学习的品质以及团结合作的精神等。评价协作式学习，需把点评的核心置于成员的互相帮助与协作中，重点关注协作过程的协同状况，个人表现与最终结果可稍微讲一下，但不必做详细讲解。如集体探究活动的效度与方式、分工的科学性、完成小组探究结果的模式、小组成员参与的状况等，可以作为评估协同度的指标；个人完成研究结果的模式、个人对承担任务的态度和完成状况、对合作学习的贡献等，可以作为评估个人表现的指标。教师通过该评价结果，研判分析各小组的合作学习情况，以此合理引导学生，促进其不断发展。

（三）体验式学习

体验式学习也称情境体验性学习，就是指利用计算机模拟方法构造一种虚拟的学习情境，学生在这一情境中进行互动式的行为动作，获得学习体验，并直接通过操纵其中的输入设备来形成操作技能和解决问题的能力。体验式学习是智慧课堂的一种特色学习方式。

在体验式学习过程中,为了达到一定的教学目标,教师可以根据学生的身心发展特点,合理设计一些形象生动、趣味性强的情境,让学生获得相应的态度体验,以此鼓励学生深入了解、学习知识内容,从而获得快速发展。在智慧课堂教学实践中,利用计算机、互联网等技术设计的学习情境,能够在教学过程中调动学生的学习积极性与主动性,让学生获得成就感与愉悦感,指引学生迅速进入探究的情境中,通过一系列体验开发自己的潜能,提升合作探究能力、创造能力与自主学习能力。

在智慧课堂教学中,进行体验式学习应主要把握以下三个方面。

1. 依据建构主义理论进行教学设计

体验式学习符合现阶段流行的建构主义学习的核心探究内容。建构主义指出,大多数学习总是与相应的社会文化背景相关联,建构主义学习环境中的重要因素包括会话、情境与意义建构以及协作,学习者展开意义建构的基础是创设情境,这是教学中的一个关键内容。智慧课堂教学需借助信息技术的关键优势,对情境化学习环境进行设计,根据相应的教学目标,把学习内容设置于情境化的教学活动中,使学生通过实践操作取得良好成绩。体验式学习要求借助各种先进技术和媒体,对与现实相似的情境进行设计,为学习奠定基础,通过生动的形象进行想象,调动记忆存储的相关经验与知识,以此让学生借助自身认知结构中的相应经验,对学到的新知识进行同化,将特定意义赋予新知识。

2. 创设基于技术的学习情境

在智慧课堂教学中,教师要利用多媒体技术与网络技术,根据教学的需要设计制作视听材料,包括声音、视频录像、动画、照片等富媒体教学资源,将课程中枯燥的概念和信息用图片或视频来呈现,创设形象、生动的学习情境。在学习情境的创设中,要以促进学生的积极性和主动性为前提,尊重学生探究、发现的需要,促使学生获得新的体验;要充分利用环境感知、虚拟现实、科学可视化、人工智能等新的智能信息技术,尽可能创设各种真实的、形象的学习情境,以激发学生强烈的求知欲、发现欲,使其获得新颖、多样化的体验。

3. 注重学生在不同情境中的亲身体验

学习情境的创设要适应学生的多样性，根据学生本身所具有的认知策略和学习经验，从不同角度、不同类型、不同观点或不同领域来创设不同的情境，从而构造一个有利于所有学生通过学习获得真实体验的虚拟学习空间环境。虚拟情境学习方式有多种，如学徒式、支架式、抛锚式、随机进入式等。其中，学徒式来源于传统的师徒授艺模式，情境体验性学习与手艺人不会借助提前准备好的稿子教徒弟的模式大致相同，不是简单地按预先准备好的教学顺序，而是在创设的虚拟教学环境中，使学生获得真实的体验，用实际的方法解决虚拟世界的问题。学生在智能代理引导下，在计算机模拟的学习环境下，由教师通过适当的教学工具来提供示范、教练和帮助，进行认知锻炼，从而提升独立解决问题的能力。

（四）游戏化学习

游戏化学习是指为实现一定的教育目标而采用游戏化方式进行学习的方法。游戏化学习的主体是学生，玩游戏有利于调动学生的主观能动性和创造性，增强学生对知识的认知，促进学生掌握及应用知识。游戏化学习也是智慧课堂教学中一种独特的学习方式。

在智慧课堂信息化环境下，学生通过数字化教育游戏进行学习的特定活动，即为智慧课堂游戏化学习。信息化平台不仅收集了大量国内外现有的教育游戏，也能够支持教师按自己的愿望制作用于学生学习或教师教学的小游戏。教师通过智慧课堂信息化平台，可通过学生的身心发展特征、学习内容、游戏软件特征等，向学生推荐有效的游戏学习软件，从而为学生的学习提供良好助力。

在智慧课堂教学中开展游戏化学习，应重点把握以下三个环节。

1. 精选教育游戏软件

智慧课堂数字化教育游戏根据应用对象进行划分，主要包括如下两类：一是在学生自主学习中使用的游戏学习软件，二是在教师教学中运用的游戏教学软件。还有一部分游戏软件，不仅可以在教学中使用，还能在学生的学习中运用。当然，数字化游戏模式不可能应用于全部知识的教学中，因为当前教育游戏是新兴行业，所以大量配套的学习与教学游戏还处于开发阶段。在已有的智慧课堂数字化教育游戏模块中，有一些是按照学科和知识模块进行分类的游戏，如数学、物理、语文、英语、地理以及综合学科等。每一学科再按学科知识分类，如数学学科中有数的运算、方程、几何等。教师可以按照学科教学的相关要求，选择适宜的游戏推荐给学生，帮助其自主学习与复习知识，或者在教学中选择适宜的教育游戏软件并进行合理运用。

选择教育游戏需围绕以下要求来展开。首先，目标要明确。游戏旨在为教育目标提供可靠的服务，不能喧宾夺主。其次，要有针对性。课前使用的游戏应能够有效调动学生的求知欲，课中应使用能够交流互动的游戏，课后阶段应当选择那些有利于学生温习所需知识或者拓展延伸知识的游戏。最后，要有相应的挑战性。游戏的难易程度不仅要与学生的认知水平、发展特征相匹配，还需进行适度提升，如此才能不断促进学生的能力提升。

2. 把握游戏学习过程

优质的教育游戏可以吸引学生的注意力，让其实施相应的游戏行为，但是倘若学生沉迷其中无法自拔，不仅会影响其学习，还会对他们的身体发育产生负面影响。教师需对学生的游戏行为进行追踪与监控。第一，在课前与课后推送游戏学习作业时，可对游戏设置时间限制，在学生完成任务之后及时关闭游戏链接，从而合理掌控游戏学习。第二，及时记录学生的游戏闯关状况，将其纳入成绩之中，实现对游戏学习过程的跟踪与监督。第三，让学生填写游戏学习反思表，分析评估自己闯关成功或失败的原因，实现游戏学习的评价反馈。

3. 灵活应用游戏学习

倘若学习游戏的制作可以和教学完美融合，那么游戏学习就可以为教学与学习提供有力支撑。当前的游戏学习软件还无法充分迎合教学与学习的实际需求，这就要求教师对游戏学习软件进行合理的设计与应用，并在课堂交流环节进行科学运用，从而让教学更加有趣，以充分调动学生的学习兴趣与动力。

第二章

小学数学智慧教学的基本原理

第一节 小学数学智慧教学的理念内涵与价值

在科技快速发展的今天，以人工智能、大数据以及区块链等为代表的新一代信息技术在各个领域和行业得到广泛的应用，智能医疗、智能电网等系统如雨后春笋般层出不穷。随着人工智能在教育领域的普及与应用，教育事业也迎来了新的改革阶段。现代教育通过先进的智能技术提出新的人才培养模式，引入新的教学方法，建立新的教育教学体系，为其健康发展带来了积极的影响。对于小学的课堂教学模式来说，传统的教学观念和思想造成的影响根深蒂固，很难在短时间内做出调整和改善。由此可见，在今后的教育改革与创新中，应该把小学数学教学的"智慧教学"建设与发展当成首要的任务和目标，通过引入先进的技术来转变传统的教学理念，构建智慧教学的数学教学理论体系，为小学数学的智慧教学建设创造有利的外部条件和技术环境。

一、小学数学智慧教学的理念内涵

随着教育改革进程的推进，智能教育形态开始出现在小学的数学教学领域中，并为这一领域的链式突破带来新的机遇。处于当前的复合空间内，我们应该关注小学数学教学理念的转变以及观念的创新，强调教学的智能化，突出教学的整体性，重视师生之间的协同性，为小学数学智慧教学新理念的形成与发展奠定基础。

（一）整体性教学：借助人工智能变革教学主客体

小学数学智慧教学与传统的小学数学教学模式有着显著的差别。与传统的小学数学教学相比，小学数学智慧教学更强调信息技术在教学领域的应用与拓展，注重基于先进的信息技术来构建全新的教育样态，以改变传统的教育模式与教育理念。智慧教学模式的构建，实现了小学数学教学与人工智能技术的深度融合，为小学数学教学质量的提升做出了巨大的贡献。换句话来讲，随着人工智能技术在教育教学领域的推广与应用，教学主体论的内部结构发生了重大的改变，传统的教师、学生的二元结构正在朝着教师、学生以及人工智能的三元结构的方向转变，这是教育教学领域的一大技术性突破，应该引起教育工作者的关注和重视。黄荣怀教授在研究中明确指出，智慧教学模式的构建离不开先进技术的支撑，通过技术的引入来转变教学思路、教学理念和教学方式，基于对教师与学生状态数据的收集与分析，提出适合当前教育教学事业发展特点和规律的教学模式，对于整个教育事业的改革与创新意义重大。

工具存在先天的理性特征，可帮助教师生成一定程度的教学智慧。工具理性对小学数学教学质量的提升有着重要的意义，是学生解决问题的主要依据。而智能技术的引入则可以促使小学数学教师结合教学内容来创设丰富的问题情境，让学生能够通过访问来掌握新的理论知识，起到巩固学习效果的作用。与此同时，在科技快速发展的背景下，深度学习、类型识别以及智能评价等技术在小学数学教学领域得到了一定程度的运用。其能够帮助教师创设不同的教学情境，并在这一空间内实现角色重构。从学生的层面和维度进行分析可以发现，人工智能可通过工具来培养一些具有创造能力的优秀人才，借助人工智能的驱动力来激发学生的学习兴趣，通过个性化学习资源的整合与利用来促使学生形成完善的数学思维，为高阶思维人才的培养发挥积极的作用。

（二）协同性教学：基于数据集驱动探析学习

现如今，云时代已然来临，大数据技术得到社会大众的认可和肯定，在各个领域和行业内应用广泛。随着大数据系统的开发与应用，小学数学智慧教学也迎来了重要的发展阶段，智慧教学与大数据的结合不再是空想。从大数据的内容和作用来讲，重点涉及以下三个方面：第一，数据规模和数量持续增长，可从不同渠道和路径获得数据信息，数据的类型和形式各不相同；第二，基于技术嵌入来完成数据的采集、数据的整理、数据的分析以及数据的运用；第三，结合数据的分析与利用来挖掘数据潜在的价值。

关于价值理性的概念和定义，可描述为基于智能技术来对数据资源进行整理与归纳，以此作为了解学生学习过程中数学知识产出的情况和程度。也就是说，学生的数学学习能力在价值理性的影响下会呈现出金字塔式的发展趋势和发展特征。首先，认知智能可以对学生的个体差异以及学习需求进行综合的整理与分析，并做出准确的识别和判断，为学生数据的采集和获得创建便捷的条件。其次，随着人工智能技术在教学中的运用，可实现对学习资源的整合与筛选，进一步提升教学和学习的整体水平，促使教学活动沿着既定的方向和次序发展。再次，基于先进的智能技术来对数据的潜在价值进行挖掘，找到学生在学习知识过程中遇到的问题，通过精准的数学设计来消除学生的缺点，并展现学生在不同环节的优势。最后，根据学生的行为记录来设计价值干预的策略和计划，了解学生学习数学知识过程中普遍存在的规律和特点。在数据集的驱动和引导下，小学的数学智慧教学有了新的思路，为学生数学情感智能的培育与发展产生了深刻的影响，也为学生的志趣智能形成带来了积极的影响。上述措施和方案的提出，与罗杰斯的有意义学习理念高度契合，其是这一理论在实践中的真实反映。学生在接触数学世界的过程中会形成一定的认知能力和表达能力，从而为小学数学的协同性发展做充分的准备。

（三）智能性教学：依托技术寻求同一与差异共存

小学阶段的教育教学主要是为了促进小学生的身心健康发展，为今后的学习与发展打好基础，突出不同学生的个性化特点。

随着学校教育的推广与普及，建立完善的教育服务体系对于学生的成长与发展至关重要，也是促进学生全面发展的前提和基础。个性化发展与因材施教的教学理念具有高度的一致性，是这一教学理念在现实教学中的外在表现。传统的小学数学教学受到各方面因素的影响，使得"齐步走"的教学现象普遍存在，至今仍发生在小学教学中。在信息技术广泛应用于小学数学教学中的今天，教师应该通过开发自适应的学习系统来确定小学数学的差异化教学目标，科学规划教学环节，建立个性化的学生模型。首先，根据学生的数学学习兴趣和偏好来筛选教学目标，并在此基础上建立差异化的学生学习模型。其次，结合学生的学习情况和需求来分配数学学习资源，为学生数学思维的形成与完善提供资源方面的支持与保障。再次，结合教学需要和学生的学习需求来规划设计数学教学课程，融入一些教学相关的数学知识点，或是开展一系列具有丰富趣味性的数学游戏，以激发学生的学习兴趣和热情，帮助学生提高个人的数学表现力。最后，针对学生的学习情况和学习成果进行综合性评价，了解学生整体的学习进度、学习心得及其在学习中遇到的各种问题，进行有针对性的指导和教学。

二、小学数学智慧教学的价值分析

智慧教学模式的构建，能够为教师提供教学方面的经验和方法，也能有效满足学生的学习需求。小学数学的智慧教学实现了数学学习层次的提升，传统的知识单向传授教学模式逐渐退出了教育舞台，被双向交流的模式所替代，这是小学数学教学的重大创新与突破。以此为前提，结合智慧教学不同阶段的新样态，构建综合性的教学评价体系，能够满足不同学生的差异化发展需求，为学生的差异化发展提供有力的支持与保障，鼓励学生积极参与其中，形成智慧型的教学结构体系，促进学生的全面发展。

（一）提供适应学习者个性发展的学习支持

学生在学习能力、认知能力等方面有着明显的差异，在这种情况下，如果教师仍旧选择"一刀切"的教学方式来开展教学活动，必定不会获得良好的教学效果。教师需要对不同学生的个性和特点有一定程度的了解，并以此为基础来设计个性化的教学方式，保证每一位同学都能在学习中有所收获，有所进步。小学数学智慧教学模式的设计与应用，为不同学生带来了个性化的教学服务，旨在培养学生识别智慧和感知智慧的能力，为学生的全面发展打下坚实的基础。首先，教师需要根据学生的学习兴趣和偏好向其推送丰富的学习资源，为学生的个性化发展提供充足的物质保障。需要明确的一点是，学生的学习兴趣和需求可以为教师的教学资源整合提供参考依据，从而有效提升教学质量和效率。其次，教师应该结合学生的学习需求向其推送相关的信息，为学生的个性发展提供新的机遇和平台。最后，教师应该结合学生的学习需求向其推送相关的活动信息，为学生的个性化发展提供源源不断的能量。上述流程的设计与学生的智慧评价息息相关，教师需要根据学生的课堂表现提出有针对性的智慧识别培养计划，促使学生产生较强的学习动力，并进一步转化为对学习的热情和兴趣。

（二）构建全员全程参与的智慧型教学模式

在创设智能化学习环境以后，教师应该通过一系列措施和方法来激发学生的学习兴趣和热情，培养学生的自主学习能力，体现学生在学习不同阶段中的主体性和自主性。一方面，教师应该在提出智慧教学模式以后明确具体的教学目标，为学生主体性的表现提供平台和机会。传统的教育思想和理念对教师教学活动的开展产生了深刻的影响，教师们会更加重视学生对理论知识的学习，对于学生情感的变化、态度的表达以及价值观的形成关注并不够。小学数学智慧教学的根本目标在于通过教学与学习资源的整合来培养学生的创造能力，让学生形成良好的参与意识，积极参与教师组织开展的一系列教学活动。处于这一开放空间中，学生能够通过学习数学知识来与其他学生进行交流和沟通，在培养学生交际能力和表达能力的同时，还能促进学生的全面发展。另一方面，随着智慧教学模式的提出与实施，学生会在这整个的过程中表现出较强的自主性，自愿参与智慧教学相关的探究活动，对这些活动产生浓厚的兴趣。不得不说，智慧教学的提出与应用给学生带来了更多的发展空间和探究空间，有助于提升教师的教学水平和学生的学习效率。以数学课"组合图形的面积"为例，教师可利用线上平台来整合与之相关的教学资源，创设良好的学习氛围和教学环境，对学生的学习产生积极的影响。教师可将这部分的导入路径设计成彩色二维码，学生在扫描二维码以后就能登录综合性的讨论平台，在社区发表个人的观点和看法，并与其他同学进行交流和沟通。此外，学生会在登录系统以后看到其他同学发的"弹幕"，从而引起学生内部之间的讨论和研究，使其获得新的启发和结论，有效增强学习效果。综上所述，智慧型教学模式的提出与实施能够实现学生主体性与自主性的深度融合，帮助学生找到不同的学习方法，在学习的过程中积累知识，总结经验，为今后的学习与发展打好基础。

（三）形成人机交互状态的融合型教学评价

教学评价对于教学活动的有序开展至关重要，其是教学过程中不可或缺的核心环节，也是优化教学评价体系的参考依据。进入人工智能时代之后，小学数学智慧教学评价的方法和方式也发生了显著的变化，主要集中在发展样态上，这里可从三个方面来论述：第一，教学评价逐渐趋于智能化发展。以往的小学数学教学评价主要表现为纸笔测试，而学生数量太多导致教师承担了繁重的工作压力，很难有多余的时间和精力来指导学生。智慧教学评价模式出现以后，非纸化的测评方式替代了传统的纸质测试，缓解了教师的工作压力，让教师有更多的时间和精力对学生进行耐心地指导和教学。第二，教学评价逐渐表现出一定的实时性特征。实时性指的是学生可以打破时间和空间的限制来了解教师对自己的评价，以此作为优化学习方法的依据。第三，教学评价逐渐走向深度发展。智慧教学评价非常强调学生在日常教学与学习过程中的表现，教师可借助数字化平台来追踪和记录学生的行为活动，为评价提供参考依据。

第二节　小学数学智慧教学的文化特质

"四基"对小学数学教学的效果和质量产生了深刻的影响，可作为评价小学数学教育水平的参考依据。智慧教学一直以来都被当作连接不同文化脉络的关键点，其有着非常重要的教育意义和教育价值。

一、面向全向交互的小学数学基础知识

基础知识的形成与发展离不开"双基"的支撑，在时代发展的过程中，基础知识的定义和内涵也发生了显著的变化。也就是说，小学数学基础知识中包含了诸多不同的价值取向，有一些是重要的知识技能，有一些是特殊的数学思想，还有一些是在数学实践中总结出的活动经验，这些要素相互交叉、相互影响、相互关联。狭义取向在目前的学校教育教学中始终存在，这一思维模式与当前教育背景下的教学理念有所偏差，不仅不能促进学生的全面发展，还会导致学生偏离既定的发展轨道，甚至是步入"虚空"。

进入新时代后，智慧教学逐渐引入先进的信息技术。一方面，交互技术的应用能够利用基础知识来完成数学建模。知识图谱技术与小学数学的课堂教学实现了有效的结合，在现有描述框架的基础上整理数学学科的基础知识，能够帮助学生解决学习过程中遇到的各种难题。另一方面，交互技术在数学教学中的应用为知识的内化提供了新的方法。在教育改革与创新持续推进的今天，教师应该充分发挥智能技术在数学教学各个方面的功能和作用，为学生提供优质的数学教育教学服务。

二、面向数据驱动的小学数学基本技能

知识和技能是两个不同的概念，知识是对数学要素的解释，技能是运用知识的方法。小学数学教学中的技能包括画图、运算等，数学知识包括函数、微分、积分定理等。一方面，技能能够帮助学生对原理的本质和原因有深入的理解与认知。另一方面，技能的运用可以激发学生对数学知识的学习热情和积极性。教师应结合学生的学习需要和个性特征来设计教学环节，促使学生产生强烈的学习意识，为学生思维能力的培养与提升奠定基础。

三、面向精准适配的小学数学基本思想

小学数学的基本思想可以理解为对数学规律和原理的探究与发展。符号化思想的出现与发展，让我们对数字的内涵和意义有了深入的了解，也促进了符号计数思想的长远发展。一些学者指出，数学思想是在长期学习与实践中总结的规律和原理，是人们意识形态的另外一种表现。数学思想本身就具备一定的智慧美，可以帮助学生处理一些特殊的数学问题。综上所述，信息技术和数学基本思想的相互结合有助于智慧教学的发展，也向我们展示了数学思想出现与发展的完整过程。

四、面向深沉体验的小学数学基本活动经验

史宁中教授在研究中界定了基本活动经验的概念和定义，即学生在学习过程中总结的经验。学生在参与活动的过程中，与教师之间发生了激烈的思维碰撞，在教师的指导下开展一系列的数学课程教学实践活动。举例来讲，可将深度学习技术应用于数学教学活动中，利用传感器来整理数据信息，为学生的图表分析提供参考依据，让学生了解基于大数据技术的统计方法在哪些方面具有明显的优势。换句话来讲，不同类型的技术手段为活动的开展提供了有力的支持，也能够促使学生在体验的过程中建立完善的知识结构。

第三节　小学数学智慧教学的实践程序

目前，信息技术在小学数学智慧教学中得到了一定程度的应用，形成了全新的技术思维，表现出重要的时代意义。这里利用NVivo软件来设计智慧教学的实践程序，相关设计流程和步骤如下所示。

一、智趣导入：混合沉浸式媒体，提升小学数学学习体验感

智能端应用工具是实现全景教学的重要一环，如"云—台—端"的设备能够准确识别学生的身份，针对学生的学习表现进行综合的评价，给出具体的分数。分数的设定需参考两个方面：一是学生掌握的惰性知识，二是学生拥有的经验。

云数据技术可以让学生记录自己的学习轨迹；智慧教育平台可实现教学资源的整合与分配；智能端的嵌入技术则用于激发学生的学习兴趣。教师智能端对于教学的差异化发展至关重要，它能通过对学生智能端的指导和评价来提高教学质量。两者的功能和作用在某些方面有一定的区别。

智能实录工具具备存储知识内容的功能，并能将知识以电子记录的形式表现出来，为学生提供便捷的服务。家长智能端是构建家校通体系的关键要素，能够帮助家长深入了解学生的课程轨迹，有助于学生的健康教育。

二、云端呈现：配置智能端系统，支持小学数学教学移动化

教师应根据教学内容和目标来创设健康的课堂氛围，为学生带来优质的

教学服务和学习体验。课堂导入对环境和技术有着严格的要求，同时也离不开资源的支持与保障。沉浸式体验能够让师生处于综合性的教学和学习环境中，实现双方的深度交流和沟通，为学生带来更广、更大、更多的学习空间。

教师还应营造特定的问题情境，鼓励学生积极参与其中，扮演重要的角色，以实现师生的有效互动。

教师可将增强现实（AR）技术引入教学中，对特定的情境进行模拟仿真。利用语音智能技术对数学知识进行解释，促使学生形成新的知识结构。沉浸式工具与数学教学相结合，有利于培养学生的多维感知思维和能力。

三、立体互动：采用任务型驱动，发现小学数学教学的区域性问题

智慧教学的必要条件是沉浸式媒体，其还离不开任务型驱动模块设计的支持与辅助，它可以找出学生和学习目的之间的契合点，通过驱动源来确定具体的问题。

板块设计和循环圈的样态有着必然的联系，是一个完整的建构过程，能够根据生活案例来构成新的学习圈。借助智能实录工具采集声音资源，利用平板设备完成信息推送。在完成任务以后，教师应给出评价，让学生获得良好的体验感，体现强烈的主观能动性。

四、动态提升：嵌入目标式层级，强化小学数学练习的精准度

巩固练习的目的在于培养学生的知识获取和运用能力，其是提升学生综合素养的基础条件。练习的内容和学生的认知能力不匹配，说明巩固练习现在已经成为服务于教学的某个环节。

一方面，师生需要根据智能思维导图来确定教学目标，包含初级目标、层级目标以及最终目标。另一方面，设计与教学目标相对应的练习题，包含新旧两个层面的知识和理论，以重构学生的知识结构。

五、剖析点评：提供智慧型评估，驱动小学数学教学评价的准确性

就当前而言，小学数学的课堂教学评价还存在诸多问题，如评价目标设计不合理、评价内容比较单一、评价方法缺乏科学性、评价结果准确性不高等。

以数学课"分数的初步认识"为例，在进行智慧型评价时应确定具体的立足点。第一，专注于学生深度学习力的培养与提升，为学生创造一些自主思考或合作探究的问题情境；第二，强调学生在学习中的过程体验，基于不同维度和层面来对学生的学习性进行整体的评价。综上所述，小学数学智慧教学的教学评价应注重创新与变革，针对学生的学习过程进行评价，针对教学的优化增值效果进行评价，针对其他方面进行综合评价，等等。就智能端设备而言，其会根据学生的学习过程和阶段来设计基于分数的成长档案袋评价体系，或是基于知识图谱来设计知识清单评价体系，让学生意识到学习并非只是单纯地追求分数，而是为学生的全面发展打下坚实的基础。

第四节　小学数学智慧教学的评价机制

为确保评价的深入发展与完善，应该从义务教育时期就开始重视结果与增值等各个方面的评价，实现各种评价方式的相互融合，为智能环境下的小学数学教学评价体系的构建与完善产生深刻的影响，为其带来源源不断的驱动力。在这一大环境下，我们应该了解小学数学教学评价在落实过程中遇到的困难和挫折，从而转变评价的思路和方式，利用先进的智能检测技术来提出更加专业、更加完善、更加高效的小学数学教学评价方法，构建系统的评价指标体系，设计科学的评价内容，促进评价的可持续发展。

一、智能技术融入小学数学教学评价的实践机制

随着智能技术的兴起与传播，小学数学智能教学评价得到了快速的发展，并逐步趋于完善，与传统的教学评价相比，智能教学评价是一种基于不同维度和视角来展开的一系列的综合评价。和以往的评价思维相比，小学数学智能教学评价更加注重小学数学过程的评价，旨在对学生的进步点进行综合性评价，了解交互过程中的真实情况，在传统数学素养综合评价的基础上进行延伸和拓展。总的来讲，智能教学评价一直以来设计的实践机制都对小学数学要素的生成产生了积极的影响，是提高小学教学评价质量水平的有效措施和方法之一。关于智能教学评价的相关实践流程如图2-4-1所示。

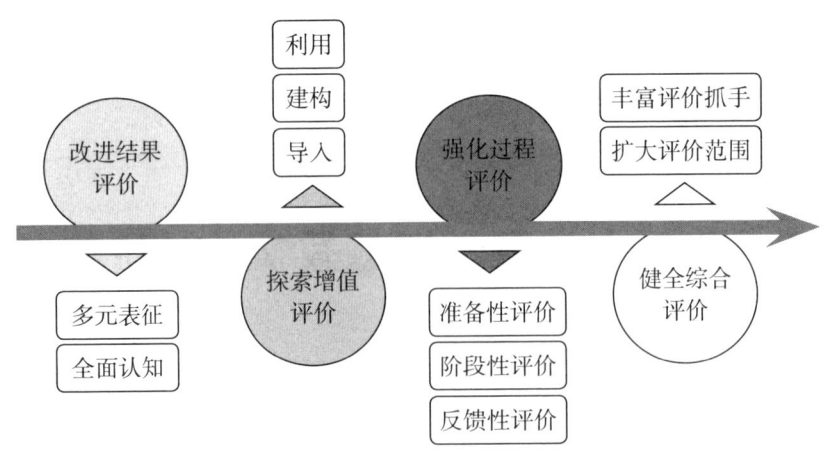

图2-4-1 实践机制

（一）改进结果评价，丰富小学数学资源的表征形态

小学数学教学以往的评价方式大部分都强调对教学结果的评价，在知晓学习结果以后对学生的学习情况进行评价，这种评价模式不能促进学生对学习的内容和知识达到持续性的认知与理解，也不能对学生的全面认知发挥积极作用。至于为什么要达到持续性理解与认知，这就不得不提到小学数学教学评价的基本特征和规律，即评价的多元性和综合性。一些学者在研究中指出，虽然数学知识的掌握是评价的目标和内容之一，但更要注重学生在小学数学教学中体验的评价，学生在小学数学教学中交流能力的评价，学生在小学数学教学中表达能力的评价，学生在小学数学教学中符号感是否产生的评价，学生在小学数学教学中是否获得空间感的评价，学生在小学数学教学中是否形成数学意识的评价，还有学生在小学数学教学中对数学史文化价值挖掘的评价，等等。这就是说，如果缺少一些关键的要素，就会导致学生的理解力受到一定程度的约束和限制。全面认知有助于激发学生学习数学的兴趣和热情，为学生的数学学习能力培养与学科素养形成提供源源不断的动力支撑。随着人工智能技术在小学数学教学中的应用与推广，小学数学资源可以以不同的形式得到有效的表征，从而在学生小学数学教学实践的过程中起到一定的导向作用。智慧环境需要利用绘视学技术和理论来生成链路，促使学生对"平均分"的内

涵和定义有深入的了解和认知，从而让学生负责动态图的绘制与分配，对平均分配的数学概念和含义有清晰的理解。此外，利用记录器和分析器等对学生的语言表达和行为举止进行表征，有助于学生逻辑理解能力的形成与发展。从"分物活动"的层面来讲，教师可通过对学生的指导和启发来让学生以自己的语言表述完整的操作流程，利用记录器收集整理相关的数据信息，交由分析器进行深度分析。分析器可通过对数据信息的分析来获得准确的答案，并及时反馈给学生，让学生了解自身的优点和缺点，并在今后的学习中不断改进，持续优化。假设能够在这一理念的基础上对结果评价的方式和方法进行优化与改进，就能深度了解"以评促学"的价值和意义，有效提高小学数学教学的整体水平。

（二）探索增值评价，累积学生数学探索的点滴进步

评价的目的和意义在于有效提高教育教学的整体质量，为教师提供发展和进步的机会，促进学生的全面发展。评价方案的优化有助于结果评价方式的改进，注重过程的评价，研究增值评价的可行性和有效性，针对现有的综合评价模式进行升级和完善，真正做到"四个评价"的相互联动和有效结合。"四个评价"的提出与实施能够让学校在短时间内构建完善的教育教学评价体系，确保教师和学生都能通过过程评价来实现各自的全面发展，进而形成整体性的评价制度体系。需要明确的是，在关于"四个评价"内容和意义的描述中，虽然提及了增值评价这一评价模式，但就当前而言这一模式尚不成熟，还需要在实践中持续发展。基于宏观思维进行分析可知，增值评价模式的提出能够加快素质教育改革与创新的步伐，是一种非常有效的推动剂，与全部学生的小学数学学习密切相关。需要围绕学生的进步幅度来构建新的评价体系，以此作为具体的评价对象，根据学生的日常表现来对学校所创建的教学环境以及教师展开的教学活动等进行综合的评价，这一评价方式可认为是对应试教育评价的质疑和批判。基于微观思维进行分析可知，以增值评价为中心的小学数学教学评价往往能够产生强烈的累积效应。以数学课"异分母分数加、减法"作为研究示例，结合不同学段的教学要求以及教学任务来构建三个环节的评价梯度体系，一是课堂导入,二是知识建构,三是知识应用。从整体的层面来讲,需要根据同分母分数运算的知识内容来设计信息块,然后将异分母分数导入到公式中进行加减法的运算,借助知识的迁移来对学生的学习效果进行评价,评价的内容包含学生对这一知识的掌握效果以及运用能力。从"探究样例"的层面对学生的转化方法和技巧使用进行综合的评价与分析,目的是培养学生的算法多样化数学学科素养。从应用层面的角度来讲,可把异分母分数的加减法则当作这一课程教学与实践的程序化基础,通过一系列的变式练习来让学生熟练掌握异分母分数的运算技巧和方法。综上所述,基于小学数学教学的增值评价能够帮助学生进一步提高个人的学习能力,塑造良好的学习品质,养成科学的学习习惯,还能促使学生对小学数学学习产生浓厚的兴趣,对学生自我思考能力以及语言表达能力的培养与提升具有积极意义。

(三)强化过程评价,驱动小学数学交互的对话引擎

过程性评价与结果性评价是两种截然不同的评价方式,相应的领域局限也各不相同。过程性评价更加关注从学生的视角和层面对问题进行思考与分析,旨在让学生在小学数学教学的过程中形成一定的自主思考能力,培养一定的语言表达能力,形成对数学知识不同层次的心理感受,等等。通过一系列教学活动的开展对学生的数学学习情况和效果进行客观的评价,能够为后续小学数学教学成果和质量的评价提供重要的参考依据。进入智能时代后,人工智能技术在小学数学教学领域得到了广泛的应用和推广,也为小学数学教学的过程性评价带来了新的机遇和平台,使这一评价方式与小学数学教学的结合不再是空想。基于小学数学教学的过程性评价包含三个方面:一是小学数学教学的课前准备性评价,二是小学数学教学的课中阶段性评价,三是小学数学教学的课后反馈性评价。上述三种评价方式都属于小学数学教学的过程性评价,三者相互影响,相互促进,相辅相成,缺一不可。

以课前准备性评价为例,其可帮助教师了解学生在小学数学教学中的学习情况,指出具体的教学中心,解决教学中可能遇到的各种难题。将智能技术运用于小学数学教学评价中,逐渐在资源整合和利用方面表现出明显的优势,

可以帮助教师对学生的认知发展过程有深入的了解，探究教学情境创设对学生对话交互产生的作用和影响。在目前学情的基础上，借助计算机监测系统来绘制小学数学教学评价相关的课前测量表，能够促使学生在课堂教学之前进行有效的学习。在这种情况下，监测系统能够及时向教师展示详细的反馈结果，在绘制成图表以后要求学生对具体的内容和含义进行解析，以此作为控制调节教学进度的依据和参考。在课堂教学中，教师要带领学生进行一系列的过程性活动，为小学数学教学的过程性评价提供重要的参考依据。以往的教育教学更加强调功利化，使得小学数学的教学评价丧失了基本的意义和价值，教师们普遍把成绩当成教学成果评价的主要依据，并在此基础上提出各种不同的评价方式，构成了传统的小学数学教学评价体系。相较于传统的小学数学教学评价方式，现代的电子档案袋评价模式在各个方面产生了重大的变化，可完成高效率的师生交互，详细记录学生的学习情况，为过程性评价的开展奠定扎实的理论基础。一些学者表示，电子档案袋评价的提出与运用能够帮助学生实现全面发展，小学数学教学的评价不再是单纯地为了评价而去评价，而是有了明确的方向和目标。针对小学数学的教学评价来讲，教师在进行课后反馈时会与学生产生对话交流，这一过程有助于学生巩固对知识的掌握，并由此形成新的数学思维。对于教学评价反馈，教师应通过问卷调查或访谈等方式来了解学生的学习情况和学习效果，在师生相互交流和沟通的过程中有所收获，进一步提升教学和学习的整体水平。

（四）健全综合评价，定位学生数学核心素养的全面发展

完善综合评价体系的目的在于促使学生形成良好的数学学科核心素养，随着人工智能技术在小学数学教学领域的深入应用，学生的综合评价体系得到了进一步的优化与改善。数据分析在教学评价中的作用得到凸显，线上资源的利用效率显著提升，这些都对学生数学能力的培养与提升产生了积极的影响，智能技术对于小学数学教学水平的提升意义重大。人工智能技术的功能和作用非常丰富，总结起来主要涉及两个方面：一方面，人工智能技术能够进一步延伸评价的目标范围，提高评价的影响力；另一方面，在引入新技术以后，多元互动格局的形成使得教学评价的内容和范围更加宽泛，传统的仅仅关注成绩的评价模式逐渐被综合的评价模式所替代，学生的学业成绩和综合素质成为数学评价的重点内容。学业成绩指的是学生的数学考评结果，包括学生的期中考试成绩和期末考试成绩，以及教师对学生数学作业完成效果的评价等。综合素质指的是学生在小学数学教学活动开展过程中的具体表现，如参与活动的积极性、在活动中是否勇于发言、是否对教师传授的知识和技能有准确的把握与运用等。综合评价模式的提出与应用，有助于数学教学评价质量的整体提升，是对数学教学评价量化与质性分析的深度探索与研究，也是促使学生实现全面发展的必要条件。

此外，综合评价的提出有助于丰富与延伸评价抓手。智慧教育的建设与发展能够消除传统小学数学教学评价方式的弊端和缺陷，以补充和拓展的手段来丰富评价的内容，扩展评价的范围，增强评价的效能。以数学课"倍的认识"为例，首先，在开展教学评价的过程中，教师应该引导学生对这一课程的知识点有深入的了解，加深对知识点的记忆和理解，从而在学生的内心深处和脑海中产生数学概念。其次，教师还需要根据学生的个体差异和学习情况来找到学生的能力生长点，利用大数据技术追踪回溯学生在小学数学教学整个过程中的学习轨迹，了解学生对数学概念的理解能力、对数学知识的表达能力、对数学问题的处理能力、对数学公式的计算能力以及交际能力等。最后，教师需要在学生应用点的基础上进行延伸和拓展。学生在教师的指导下将"倍"的数学概念和知识运用于现实生活中，以此作为解决现实问题的理论依据，同时教师需要结合学生的学习效果来给出客观的评价。评价的方式有三种：一是描述性的评价，二是预测性的评价，三是诊断性的评价。

二、智能技术促进小学数学教学评价变革的路径选择

随着小学数学教学的不断发展，这一领域的教学评价逐渐朝着技术化的方向转变，新"主体"的出现对原有的评价结构造成了一定的冲击和影响。在智能技术快速发展的今天，这一技术在小学数学教学领域得到一定程度的运用

和推广，也改变了小学数学教学的评价方式。教师需要确保学生发展与教育发展方向保持高度一致，借助先进的智能技术来建立适合当前教育教学发展趋势的评价话语体系。

（一）基于多模态数据特征建立小学数学评价指标体系

随着教育评价的改革与创新，小学数学教学的评价结果变得更加准确，且涉及多个方面，由此应该构建适合小学数学教学特点和规律的评价指标体系。教师要为小学数学教学评价指标体系的构建创造不同的数据化表征条件，结合学生的多模态数据信息资源的收集与整合提供支持与保障，以此作为构建评价指标体系的基础和前提，消除传统小学数学教学评价方式一直以来存在的弊端和缺陷，避免"单向鸿沟"困境对小学数学教学评价的可行性和有效性造成负面的影响。一些学者在研究中指出，进入智能化时代以后，"多模态"的建构模式与以往相比有了明显的改变。多模态信息感知通道一般被认为是机器感知外界环境信息的路径和渠道，目的在于利用先进的智能传感设备来感知不同教学情境下学生的学习情况，并随即生成复杂的多模态数据，为智慧教学的理论分析与实践论证提供参考依据。一方面，多模态摄像系统能够记录学生在参与小学数学教学活动过程中的行为举止和神态表情，以此作为确定学生课堂教学上参与度和集中度的根据。另一方面，可借助语音识别工具对学生的思维模式和应用能力进行可视化处理。需要明确的一点是，学生的话语信息收集与整理应借助智能实录应用工具来完成。以智能麦克风为例，其一直以来都被当成是机器感知与文字处理相互结合的核心载体。在这种情况下，智能麦克风应该和通信设备建立通信网络连接关系，只要学生在课堂上发言，该工具就能完成实时录制，并在后续的课堂教学中进行投屏。此外，无论是智能视觉技术的应用还是语音技术的推广，都应该给予评价自然性足够的重视。换言之，学生在小学数学课堂教学中参与的所有数学活动，都应是正常情况下的自然表现，与学生的知识积累和经验总结密切相关。

尽快构建小学数学教学的评价指标体系，并在此基础上进行优化与完善。这一评价指标体系的设计离不开多模态数据表征的支持与辅助，通过数据信息的交互与共享来为小学数学教学评价体系的构建提供不可或缺的参考依据。从知识与技能的维度来讲，传统的"知识论"在当前教育改革背景下并不适用，应该借助多模态数据来对学生掌握数学知识点的程度和效果进行综合的评价。此外，知识图谱一直以来都被当成是表征知识的具有一定辅助性作用的工具，可以满足学生知识健全与完善的基本需求。从数学思考的维度来说，可将其描述为学生在参与数学活动过程中表现出来的思维活跃程度。比如：学生会因受到有序思维模式的影响而会给出不同的表征方式，这就说明学生的思维具有一定的流畅性；一旦发生"植树"变式问题，学生就会通过思考来解决新的问题，这个过程考验的是学生思维的深刻性。不同学生提出的问题解决方案存在明显的差别，这个过程就可视为对学生思维创造性的评价。从问题处理的维度来讲，学生是否具备一定的问题解决能力，取决于当时的问题情境。这一过程性评价有助于学生通过自主思考和分析来提出解决问题的方法，且不同学生相互之间存在明显的差异。也就是说，学生的问题解决能力有着一定的多样化特征。从情感态度的维度来说，教师与学生如果能够产生情感上的互动和共鸣，那么学生对知识的认知与理解就会得到有效的改善，从而促使学生对数学学习产生浓厚的兴趣，表现出强烈的求知欲和好奇心，并在较长的一段时间内有所保持。这是增强学生自我效能感、体现学生主观能动性的有效方式之一。

（二）基于学习分析技术构建小学数学个性化评价内容

进入智能时代后，小学数学的教学评价模式有了明显的改变。教学评价的目的在于让学生产生良好的数学素养，延伸学生的知识宽度和深度，促使学生形成科学的数学思维，让教师了解学生的真实学习情况，以能够构建综合性的评价指标体系。就当前而言，通过对小学数学评价实践的调研和考察发现，这一评价模式并未获得理想的评价效果。总的来说，教师一般会根据学生的成绩来评价学生的学习表现，这种评价模式获得的评价结果在一定程度上可以反映学生的学习成果，但会抑制学生内驱力的形成与发展。

在智能时代环境中，信息技术在教育领域得到了广泛的应用与推广，也促使小学数学教学评价的模式和内容有了显著的变化，迎来新的突破性局面。

学习分析技术能够展示学生在小学数学教学活动开展过程中的过程性成果，有助于学生自我评价能力的培养与提升。一些学者指出，随着学习分析技术在小学数学教学评价中的运用，教师可通过这一技术来获得学生参与教学活动时生成的学习数据，基于对数据信息的整理与分析来了解学生的学习情况，以此作为评价学生学习进度和学习状态的参考依据，并对学生今后的学习成果进行预测，帮助学生找出自身在学习过程中存在的各种问题。也就是说，在评价小学数学教学成果的过程中，应该引入先进的学习分析技术，通过技术创新与技术应用来对目前的小学数学教学评价指标体系进行优化和完善，这也是现阶段教育评价创新与发展的核心议题。

一方面，应该在学习分析技术的基础上针对现有学习过程分析评价指标体系进行优化和改善，并根据学生的实际表现来建立学习分析模型。教师可借助电子资源库来整合归纳学生在完成学习任务过程中的相关数据信息，对学生的课堂表现、行为举止以及神态语言等进行追踪记录，以此作为分析学生学习状态和学习情况的依据。

另一方面，为学习分析模型的建立设计自适应引擎组件。前面已经提及，学习分析技术能够促使学生产生良好的自我导向，让学生对自身的学习能力有清晰的了解和认知。自适应引擎的设计需要考虑目前的教学目标以及学生对学习的兴趣，并在此基础上合理分配教学和学习资源，提高资源的利用效率。以数学课"圆柱"为例，教师应该基于课本中的知识内容来指导学生参与一系列的项目化学习活动，通过问题情境的创设来融入新的知识点，根据学生的差异化特征来提供个性化的教学服务，确保学生的学习需要得到充分的满足，实现学生的全面发展。

（三）基于教育云服务平台形成小学数学教学评价方式

小学数学教学评价的目的和意义表现在三个方面：一是让学生形成一定的认知能力，二是提升学生的思维水平，三是促使学生产生良好的科学素养。在传统的教学评价模式下，教师们更加注重纸笔测试，较少关注学生对数学知识的掌握程度，而学生问题解决能力的形成以及学生批判性思维的发展在传统教学评价中更是少见。现如今，人工智能技术与教育实现了深度的融合，加之新课程改革与创新进程的推进，小学数学教学评价的模式和方式发生了显著的变化，多元评价方式成为当前教育背景下最适合小学数学教学评价的模式。

一方面，得益于评价软件的出现与推广。教育云平台目前已经提出了一些相对开放的评价方式，其与传统的纸笔测试有着本质的区别。相比之下，云平台评价打破了时间和空间对评价的限制，只需利用交互式评价软件就能对学生的学习表现进行实时的关注和了解。以数学课"梯形的面积"的教学评价为例，教师应在梯形面积转化视频的基础上进行设计，实时观察学生的学习情况，并给出客观的评价，指导学生找出学习过程中出现的问题，对其提出有针对性的解决方案。此外，教师可利用回放功能来控制视频的进度，有效提高教学评价的效率和质量。教师和学生可根据教学视频进行讨论和交流，促使学生着重关注知识难点和重点，并在师生的良好互动下巩固学习效果。云平台系统能够存储学生在小学数学教学课堂上的所有学习轨迹，包含学生的行为举止、神情动态和语言表达，与"以评促学"的教学理念达成高度的一致。

另一方面，得益于电子白板的使用。评价的目的在于让教师了解学生在课堂上的行为表现，促使学生形成一定的动手能力和自主思考能力，并积极参与教师组织开展的合作探究活动，增进师生的关系。学生对数学知识的掌握程度，应借助电子白板来展示给教师和其他同学，便于师生和生生之间的互动和交流。电子白板是教师了解学生过程性评价成果的路径和渠道，基于对学生评价结果的"投影"来要求学生相互之间进行自评和互评，有助于学生批判性思维和判断能力的形成与发展，也能让教师了解学生对知识点的掌握程度以及运用效果。系统软件具有一定的激励功能，可以激发学生对数学的学习兴趣和热情，并通过学习任务的发布与完成来展现出较强的交互生成性。进一步来讲，评价的间隔强化有助于培养学生的数学学科核心素养，只要学生将自身对数学概念和定理的理解上传到软件中，教育云服务平台就能以此为依据来实施情感强化。举例来讲，在学生计算数学公式的过程中，系统可结合学生回答的速度和准确性来予以奖励，这样一来就能让学生在学习的过程中得到足够的尊重和认可，从而产生强烈的求知欲和好奇心，以积极的态度参与一系列的学习活动。这种教学模式有助于学生增强学习意识，在数学学习的过程中体现强烈的主观能动性。不过就当前而言，虽然人工智能技术已经在小学数学教学评价领域得到一定程度的运用，但与之相关的对接技术尚不成熟，教师在学生情感评价方面的作用和价值仍占据主导地位。

第五节 智慧教学理念下小学数学课堂教学的应对策略

一、构建智慧教育环境

随着基础教育课程的改革与创新，现代信息技术（如在线教学）在这一领域得到了广泛的应用，为学科课程的整合带来了深刻的影响。现代信息技术可帮助我们创设新型的智慧学习环境，打破时间和空间的限制，其提出了新的教学方法和教学思路，也使教学内容发生了明显的变化。此外，智慧教育环境目前已经趋于稳定，为学生认知能力、探究能力以及解决问题能力的培养与提升带来正向的影响，也为学科教学模式的变革与发展指明了新的方向。

课堂教学由两个空间组成，一个是学生的学习空间，另一个是教师的教学空间。智慧教育环境的创设离不开这两个空间的支撑，二者是完成智慧教育目标和任务的基础和前提。智慧教育目标的达成取决于智慧教育环境的创设，可从两个方面来论述。

一方面，基于现代信息技术创建教学资源共享平台。教师可利用教学资源共享平台来上传日常教学实践中收集的教学资源，根据教学目标和教学任务随时调用，既能保证教学任务和教学目标的顺利达成，又能提高整体的教学水平，确保教学朝着正确的方向发展。

另一方面，基于现代信息技术创设信息化交流平台。将现代信息技术应用于日常教学实践中，能够起到良好的辅助教学作用。或者基于该技术来建立丰富多元的数学模型，为学生的知识学习和运用提供情景模拟的平台和载体，让学生对知识学习与运用的整个过程有清楚的认知与理解，发挥在知识学习方面的催化功能，激发学生数学学习的热情和积极性。此外，多媒体教学资源的整合与分配能够帮助学生获取更大、更多、更广的学习空间。教师可借助先进的现代信息技术来整合教学资源，结合学生的学习兴趣和发展需求设计一系列的个性化学习课程，在延伸教学空间的同时扩展学生的学习空间。信息化交流平台可实现师生之间的提问和答疑，有助于增进学生和教师的关系。其还能通过合作探究来培养学生的知识获取能力和知识运用能力，学生可通过这一平台来发表个人的学习心得和感悟，与其他同学进行交流和讨论，实现共同进步和共同发展。

利用现有资源设计开发相关的移动终端设备，能够消除教师和学生之间的沟通障碍，在教师和学生之间建立良好的沟通关系。不同学生的学习能力和思维模式存在显著的个体差异，教师应该充分意识到这一点，根据学生的个人能力和学习情况，秉承因材施教的教学原则，为学生提供差异化的教学服务。如果继续沿用传统的课堂教学模式，就很难做到这一点。而随着现代信息技术在教学领域的应用，教师可基于先进技术和理念来创设全新的智慧教育环境，为个性化教学服务的落实与发展提供平台和载体。将先进的移动终端设备应用在课堂教学中，教师可借助这一设备来整合所有的教学资源，根据学生的能力和学习情况进行资源推送，确保每一位学生都能接收适合自己的教学资源。根据"最近发展区"理论进行分析可知，如果教师能够为学生提供个性化的教学服务，就能缩小学生之间的水平差距，从而实现学生的共同发展，为小学数学课堂教学效果的保证与提升创造良好的外部条件。

二、优化智慧教育理念下的教学流程

智慧教育理念逐渐在小学数学课堂教学中得到广泛的应用和推广，这一教育理念虽然是对传统教育理念的创新与变革，但传统的教学流程仍在教学实践中得到一定程度的保留。结合相关研究结论和成果，可对智慧教育背景下的小学数学课堂教学的教学流程进行优化与完善。

第一，确定具体的学习任务。学生可利用手机等移动终端设备来参与教师设计的微课学习课程，按照提示和指导参与课前小测验。不同学生之间存在显著的个体差异性，教师可根据学生的学习需求来设定学习任务。

第二，营造学习场景。教师可基于学习场景的创设来培养学生发现问题、分析问题以及解决问题的能力，促使学生对数学学习产生浓厚的兴趣和热情。

第三，记录并保存学习信息。学生在教师的指导下以分组的形式参与一系列的合作探究活动，分工明确，各司其职，相互协作。教师对各小组的任务完成情况进行监测与评价，促使学生形成较强的逻辑思维能力和知识运用能力。

第四，建立新的知识结构。学生对收集的信息进行整理与分析，以学习报告的形式展示给教师和其他同学，由教师对学生进行指导和启发，以使学生形成较强的信息处理能力。

第五，构建完善的知识体系。教师对学生的学习成果报告进行分析与评价，由学生自我反思、自我总结，在接收新知识以后形成新的知识体系。

第六，增强知识反应。数学知识来源于日常生活，且在现实生活中得到广泛的应用。教师在开展课堂教学活动的过程中应该指导学生实现知识的转化，将掌握的知识运用在实践中，真正做到学以致用，学有所得。

教学流程的设计会受到学科类型以及教学目标的直观影响而表现出显著的差异，应根据实际需求和具体情况进行适当的调整。随着智慧教育理念的提出与应用，课堂教学的教学流程设计应根据学生的学习需求来做出有针对性的调整。教师应选择一些适合学生差异化特点的教学方法，为学生提供个性化的教学服务，进一步巩固提升课堂教学效果，促进学生的全面发展。

三、改善智慧教育理念下的学习方式

基于智慧教学理念的提出，教育教学领域中学生的学习方式发生了明显的变化。教师需要结合学生的认知能力和知识掌握程度来界定学生的层级，并为其提供良好的学习环境，引导学生找到适合自己的差异化学习方式。同时，教师还需要借助先进的技术来设计符合学生个性化特点的学习调控系统，为学生提供差异化的教学服务，改善学生当前的学习方式。与传统教学相比，智慧教学表现出一些明显的特征，可从以下五个方面来论述。

第一，教师应该根据学生的个性化特征来设计课前预习任务，为后续的课堂教学开展奠定基础，做好充分的准备。大多数学生在接触新知识时会遇到各种各样的问题，面临不同的困难。之所以会出现这些情况，就是因为学生在课堂教学开始之前并未做好课前预习。

第二，教师需在课前和课中设计微课环节，促使学生解决在学习过程中遇到的重难点问题。针对小学数学教学来讲，教师应基于智慧环境背景下的资源库来设计制作出与教学内容相匹配的微课课程，针对具体的重点知识和难点知识对学生进行指导和教学，起到一定的辅助教学作用。

第三，教师应根据学生的个体差异来提出不同的学习方式，主要包括两种：一是自适应性的学习方式，由学生根据自身实际情况和需求来参与学习活动；二是分组合作型的学习方式，以分组的形式开展一系列的合作探究活动，小组成员分工明确，各司其职，相互协作，共同完成学习任务。自主学习意识的形成与发展对于学生的数学课程学习至关重要，有助于学生自主学习能力的培养与提升，可有效激发学生对数学学习的兴趣和热情，高效率实现课堂知识的内化，巩固学习效果，加深对知识的印象和记忆。

第四，学生可借助思维导图来建立新的知识结构，培养逻辑思维能力。课堂教学的过程中，教师应该注重知识讲解的连贯性，突出知识内在的逻辑关系，利用绘制的思维导图来促使学生构建完整的知识结构，提高学习的效率和质量。

第五，增加在线答疑的功能，让学生能够了解自身的缺点和不足。基于先进的信息技术设计数学网站，或注册班级内部的博客账号，或是利用QQ和微信建立交流讨论群。通过教师和学生的快速交流和线上互动，帮助学生了解个人的优势和不足，以此作为调整教学策略和教学方法的参考依据，进一步巩固教学效果。

四、促进智慧交流和构建智慧评价体系

师生之间的交流和互动有助于改善师生关系，对于教学效果和学习效果的巩固与提升具有积极意义。教师应该指导学生在课堂教学开始之前对知识点进行预习，按照要求完成课前小测试，并解答学生提出的问题，以此作为调整课堂教学策略和方法的参考依据。交流功能包含两个方面：一是师生之间的交流功能，二是学生之间的交流功能。学生之间的交流与合作探究学习保持高度的一致，通过知识内化来缩小学生之间的水平差距，促进学生的共同进步和发展，是提升整体教学质量的有效措施之一。

智慧交流既包含学生内部之间的交流，也涉及教师对学生的指导和教学。教师应学会换位思考，针对学生在学习中遇到的问题进行解答。师生交流对教师提出了一定的要求，只有在充分掌握学生学习进度和状态的情况下，才能真正实现有效交流。在开展智慧交流时，教师应借助智慧技术对学生的个性化差异有深入的了解，从而提供有针对性的教学服务，切实发挥智慧交流在教学中的引导作用。

智慧评价在目前的智慧教育领域应用广泛，教师可借助先进技术来对学生的学习情况和学习状态进行跟踪监测，从而给予客观真实的评价。在新课标持续推进的今天，传统的分数成绩评价模式在当前教育背景下并不适用，因而逐渐被智慧评价模式所替代。智慧评价的基本原则和要求包括以下三个方面。

第一，构建一体化的智慧评价体系。智慧评价要求根据学生的学习情况和学习需求形成规范的成长档案，归纳存储于智慧教育平台中。通过评价模型实现评价的量化，呈现学生的学习成果，并在教学实践中不断完善。教师可根据学生的学习情况对学生的个人档案资料进行修改，这样一来就能实现长期可持续的跟踪评价。学校应注重教师的内部管理，为学生的全面发展提供支持和保障，创设健康、积极、向上的教学评价环境。

第二，形成多元化的评价体系。智慧评价的开展需要考虑学生相互之间的个体差异性，激发学生的学习兴趣，培养学生的各方面能力。智慧评价有两种常见的评价方式，一种是自适应性的学习评价，另一种是分组合作型的学习评价。教师应注重学生学习兴趣的激发，学生学习态度情感的引导以及学生价值观的形成与完善。

第三，形成师生发展型的智慧评价体系。智慧评价的目的在于提升教学效率和教学水平，在保留一部分竞争性评价的同时，强调对教师与学生发展的评价。教师应在教学实践中不断进步，提升个人的教学专业能力，并与学生建立良好的互动关系。智慧评价应利用互评来构建四位一体的发展型评价体系，通过对教师和学生的评价，促使师生之间形成较强的约束力和驱动力。

第六节　智慧教育理念下的教学设计案例

一、小学数学《认识时间》的智慧教学设计

以数学课《认识时间》为教学示例，在智慧教育背景下设计的详细的教学流程如下。

（一）课前

1. 感知学习任务

学生利用手机等终端设备参与教师设计的微课课程，按照教师的要求和标准完成课前小测验，并上传到智慧教学平台中。首先，通过观察说出大格、小格数；其次，推理出时与分的逻辑关系；最后，准确说出具体时间。

2. 课前小测验

（1）说出钟面的大格、小格数。

（2）指出时针和分针之间的逻辑关系。

（3）认一认，写一写（见图2-6-1）。

图2-6-1　钟面

两个钟表显示时间分别为（　　）时（　　）分和（　　）时（　　）分。

将微课测验结果上传到智慧教学平台，教师和家长通过数学网站来查看，切实做到以学定教，做好充分的课前准备。

教师通过对小测验结果的检查与对比，对学生的学习能力有一定的了解，以之作为改善教学设计的参考依据。

（二）课中

1. 唤醒学习场景

视频播放中。

师：哪位同学能说出动画片的名字？

生：《熊出没》。

师：播放时间是？

生：17：30。

师：大家会读钟表时间吗？我们现在学习怎样准确读出钟表的时间，了解一些与时间相关的知识。

设计意图：通过情境创设与导入，让学生产生强烈的学习兴趣，顺势导入新课的教学，为后续教学做好充分的准备。

2. 存储学习信息

师：通过互相检查得出准确答案，分组来回答。

师：大家是怎样得出钟面格数的呢？

生：仔细数出来的。

师：哪位同学还有其他的计算方法呢？

生：根据大格、小格数可以快速计算出总格数。

师：时针和分针有怎样的关系呢？

生：时针转一圈等于分针转六十圈。

师：请大家准确读出钟表的时间。

设计意图：通过分组合作探究找出问题，讨论问题，得出结果。课堂教学中，教师可进行适当的指导和启发。

3. 传递知识结构

师：请大家准确读出图2-6-2中的钟表的时间。

图2-6-2 钟面

师：钟表所示时间分别是多少？说出你计算的方法。

生：准确读出。

师：引导学生归纳方法。

生：根据时针和分针的关系来读出准确的时间。

设计意图：通过课前练习让学生了解一些基础的时间认读方法，在掌握知识和技能的同时，增加师生、生生之间的交流和互动。

4. 集成知识体系

8：30后为迟到，请找出迟到的人。

发生在熊大、熊二和光头强之间的故事（见图2-6-3）。

熊大　　　　　　熊二　　　　　　光头强

图2-6-3 钟面

师：通过观察钟表时间找出迟到的人。

生：了解时针和分针之间的关系。

师：大家要掌握时间的相关知识。

设计意图：联系生活实际来推进教学进程，形成良好的时间观念。

5. 拓展知识反应

在学习中有何收获？

钟面：时针、分针、12个大格、60个小格。

时、分的关系：1大格=5小格，1时=60分，1大格=1时，1小格=1分。

方法：先时针后分针。

设计意图：根据所学知识有所启发，循序渐进，不断进步。

（三）课后重现认知过程

播放短视频，规划时间安排。

设计意图：通过课堂教学与生活实践的结合来让学生意识到时间的作用和意义，形成正确的时间观念。

二、案例分析

基于各种教学资源、设备和工具创设智慧学习环境，可从以下五个方面来论述。

（一）网上课前微课翻转，初步了解时间，提出学习问题

教师在课前设计微课，融合教学的主要知识点，减少课堂教学的工作量，进一步提升教与学的质量效率。创造更多的生生、师生交流机会，增进师生关系。

（二）组内组间协同学习，合作研究时、分之间的关系

教师课前提出实验流程，鼓励学生自主操作，培养其自主探究能力，或是以分组的形式进行合作探究学习。教师应根据学生的认知能力和学习需求，提供差异化的教学服务，实现学生的个性化发展。

（三）巩固基础进行层次练习，网上平台多方式及时反馈评价

教师遵循循序渐进、由易到难的原则设计练习作业，学生按照教师提出的要求完成作业，教师做出客观的评价，并及时反馈最终的评价结果。

（四）设置分层题练习讲解，及时统计反馈，给予个性化指导

教师以分组探究的形式帮助学生了解个人的"最近发展区"，激发学生的学习兴趣和热情。结合学生的学习成果给予专业的指导，帮助学生答疑解惑。

（五）反馈总结延伸，课后拓展练习后续学习

在完成课前和课中教学任务以后，学生在教师的指导下将所学知识运用于现实生活中，有效解决现实生活中遇到的时间问题，培养自主探究能力，实现知识内化。

第三章

小学数学智慧课堂教学模式的构建

第一节　小学数学智慧课堂构建的必要性

长期以来，课堂始终是学生智慧产生的重要场所。相关调查显示，在学生智慧产生过程中，教师起着至关重要的作用。教育要立足培养现代化、未来化的人才，让教师们的教学能力得到充分的利用，推动学生智慧的形成，这也是课堂教学价值的一种反映。

一、有利于智慧型教师的成长和发展

建立智慧数学教学体系，对于智慧教师的培养来说是有益的，但是智慧教师是什么呢？叶澜教授认为，具有较高职业素质的教师可以称为智慧型教师，它不仅包含了教师在教学中所展现出的教学智慧、教学把控能力和传达技巧能力，还包含了教师自身在教学观念的作用下，所累积的专业知识和教学经验。小学数学智慧教学的目的在于培养教师的智慧，引导学生进行智慧化的学习。在此基础上，本书提出了一种新的教育理念——教育智慧，其包含理性、情感和实践三个层次的内容。

（一）理性智慧

在哲学概念中，人们利用自身的经验和智慧来解决生活中的困难，并将这种能力称之为理性。与感性相比，理性是人们经过认真思考，逻辑推理，得出结论的思维过程。从这一点上讲，理性与智慧是紧密相关的，但两者又不能相提并论，智慧高于理性，是理性更高层次的表达形式。理性智慧在教育与教学中的应用，指的是理性的、科学的认识行为。教师的理性智慧，指的是能够正确地对课堂教学中遇到的各类教学问题进行智慧的处理。其具体内容包括教育意识（社会存在对社会意识的影响）、教育思维（教育理性智慧的核心集中体现在教育思维中）、教育理智（教师在教学中不断完善自我素养，实现教学相长的过程）。在各种教育情境下，教师要与学生的认知水平相结合，来选择适合自己的教学方法，从容面对改变，对于外部因素的影响进行理性的自我调节，始终保持正确的教育观念和教育思维。

（二）情感智慧

所谓情感智慧是指教师能够在自我认知的前提下，对自身的情感和体验进行科学调节的能力。感情来自内心的感觉与经验，而对学生的尊重、关爱与信任则是教师情感的主要表达方式。教师的观念、情绪、爱好等情感智慧对教师的教育活动起着重要的调控作用，所以教师要善于利用自己的情感价值，使之更好地服务教育活动。

（三）实践智慧

所谓实践智慧，指的是一个人在面对有利与不利的事物时，所表现出来的一种合乎逻辑的、与之相配的一种能力，里弗（Reeve, C. D. C.）将其定义为"认识、辨别和顿悟"。教师的实践智慧，就是对教学的理性追求，对教学情境的洞察、明辨和顿悟，树立高尚的教育品德。教师的实践智慧主要体现在两个方面：一是对知识的超越，二是自我的升华。它指的是教师在教育活动中所展现出的一种教育机智，具体阐述就是教师可以合理地对教育活动中出现的问题、矛盾等进行合理的应对，并可以在反思中，完成从理论到实际的跨越。范梅南教授认为，在教学中，师生之间的关系是非常重要的，由于课堂上的同学都是有独立个性的主体、是有思维的人，因此，在特定的教学环境下，教师要善于观察，善于灵活地抓住课堂上的机会，并善于提出问题，激发和引导学生的智慧。

教育艺术具备一定的内隐性，是教师在自己的实践中创造出来的智慧成果，是教师的教学艺术，也是教师在不同教育情况下，综合运用多种教育技能，启发学生智慧，引导学生成长，培养学生技能的方式。

二、促进学生智慧生成

在课堂上，教师们在自己的教育实践中，把自己的专业知识转化为教育智慧，从而激发学生的学习智慧。不同的教学情境、不同的突发事件、不同的学生思维方式，使得教学过程层次丰富、内容新颖，在面对突发事件的时候，教师们的教学智慧就成了破解难题的利器。教育活动是一个复杂而又充满着感情的过程，因此，在教育中，教师要针对自己所处的环境，进行理性而恰当的取舍，以促使学生的智慧向理性、创新等更高层次发展。

（一）促进学生理性智慧的生成

教师在教学的同时，要积极培养学生的思维能力，使其通过自己的分析和判断，提高明辨是非的能力。当然，在这个过程中，教师的教育智慧是必不可少的，拥有理性智慧的教师在对学生进行教导时，可以使其在遇到紧急情况时，依旧保持清醒的头脑。在这个设定的情境下发生的紧急事件，既包括自然灾害，也包括社会问题，还包括在学校里发生的紧急事件。例如：在发生了打架斗殴或教师和同学之间发生了口角时，有的学生会因为好奇而失去理智，结果引起骚动，产生不好的影响。所以，在课堂上，教师不仅要传授给学生知识，还要培养他们在遇到困难时保持镇定的智慧，使他们可以对自我有一个准确的认识，理解面对客观事实就是面对自己，并对自己进行一个恰当的自我评估。自我评估是指评估主体按照评估对象和评估准则对自己的行为准则做出理性的界定。学生要学会接纳比自己优秀的同学和朋友，养成良好的交往心态。

（二）促进学生创新智慧的生成

一个国家的发展之源是创新，一个国家的发展之基是学生。所以要推动民族创造力的发展，必须使学生的创新智慧得到激发。在课堂上，教师要打开学生的创造力大门，也就是要为他们提供学习机会，使他们的个体意识和创新思维在他们的脑海中不断地被激活，只有意识觉醒，才能激发出他们的创造力。唯有在教师的启发和引导下，学生才能持续地发掘自己的创意，并进行实践；唯有持续地经历，方能对真理进行溯源；唯有持续地探究，才能发现问题的最优解。所以教师要为学生们创造实践的机会，让他们在新的思维的引导下，进行持续的探究，不断完善和革新学习的方式，促进他们迸发智慧。

（三）促进学生实践智慧的生成

当代教育的认识价值不再是以教授的知识数量为标准，而是以促进学生智慧和能力的全面发展为目标。而这正是"智慧教学"所要达到的目的。"知与智"相互依存又有所区别，有知的人未必聪明，但有智的人必定有知，因此，"识"成了人与智之间的一座桥，因为"知"引导着我们去认知世界，而"智"则是个人在"知"的基础上，经过了无数次的实践，才最终形成的。在课堂上，教师把知识传授给学生，让他们在不断地体验、探索、顿悟中把知识变成智慧，进而推动他们的身体、心理等方面的健康发展。而在当今的课堂中，则要把"知道""理解"提升到"会用""巧用"乃至"创新"的层次，并以此来开发学生的智慧。

总而言之，智慧课堂对教师的成长有帮助，教师的成长也会对学生的智慧产生影响。所以在核心素养有关概念的支持下，建立智慧课堂具有重大的现实意义。

第二节　小学数学智慧课堂的特征与构成

一、小学数学智慧课堂的基本特征

特征指事物外表或内在所呈现出的与众不同之处。而与其有关的一些理论，则为其发展提供了良好的依据。

（一）坚持开放多元

在教学中，以学生为中心的教师是有效开展数学教学的重要保障。目前，传统的"三中心"教育教学方式已无法适应新形势下高质量教育的需要。学习指的是对原有知识经历的再深究、再探索，因为学习的内容只是一种形式的学习资料，所以教师的授课方法受到了制约。新课改中所倡导的"为所有学生服务"的思想，使"三个一切"成了现实。在"智慧课堂"的环境下，教师要进行创新的教学，使其能够适应不同类型学习者多元化的学习需要。

加德纳多元智能理论认为，个体在其各个智慧区域内的发展是不平衡的，这就需要教师能够为学生创造一个更加轻松的学习氛围，而"智慧教室"符合这一需求，它在课程的设置上，能够充分激发学生对各个智慧区域的兴趣，进而挖掘他们的潜力，利用他们的潜力来解决问题，推动他们的发展。

智慧课堂的教育本质，确定了其教学呈现方式和教学内容的多元化特征，其实施的前提是对各类教育资源进行优化和整合。在课堂上，教师既是

"组织者",又是"协作者"和"引导者",教师应充分发挥自身的智慧,掌控整个教学的节奏。智慧课堂的教学目标不仅仅是灌输知识,还包括对学生的思维进行多层次、多角度的提高,使师生都能在良好的环境中发挥出自己的智慧。小学数学智慧课堂既注重对学生动手能力和动脑能力的培养,又为教师的教学提供了更广阔的空间。

智慧课堂为学生们搭建了一个展现自我的舞台,使他们能够在展现自己的过程中找到自身的优势,从而建立起自信。教师要在教学中运用欣赏教学法,培养学生的个体化学习能力,激发他们的兴趣以及学习的主观能动性。在智慧课堂中,教师应给学生提供更为广阔的学习空间,让他们根据自身的情况选择适合自己的学习方式,并培养其独立思考的能力和习惯。在此基础上,本书提出了一种基于智能导学理论的"智慧导学"方法。教学有法而教无定法,在智慧课堂中,可以以不同层次的学生认知水平为依据,展开多种形式的教育,推动学生的全面发展。

智慧课堂强调的是让学生进行体验式的学习,所谓的"体验性"指的就是创造出特定的环境,让学生在亲身体验中、在领悟中构建自己的知识,培养自己各个领域的技能,从而形成理性智慧、实践智慧和道德智慧。体验式的学习是指通过在教师的指导下进行的一系列的学习过程,从而获得经验和感悟的一种教学方法。体验式教育是一种以体验为手段,以体验为目的的教育。在数学课堂上,要为学生量身打造情境,然后再指导他们去实践。

由于数学的本质是一门抽象性的学科,所以要求教师要将这些抽象的东西以一种形象的方式呈现给学生。教育的目的就是要让学生亲身感受到新的知识,让学生在探索、交流、反思中不断提高自己、充实自己,让他们更加深入地理解平动和旋转。从这一点可以看出,智慧课堂就是在经验中产生智慧的课堂。在遵循教学规律的前提下,智慧课堂更注重学生的多层次、个性化发展。

(二)崇尚创意生成

小学数学的智慧课堂是对传统"填鸭式"课堂的全面革新,它转变了课堂上教师所扮演的角色，强调了学生的主体地位，突出了教师的主导作用，并将重点放在了对学生创造力的培养上。创新思维也就是所谓的发散思维，它不拘泥于现行的知识和教育方式，面对问题可以从多个角度、多个层面去考虑，它的答案并不是一成不变的。其目标是引导学生去寻找新的东西，寻找新的视角，从而推动学生走向更高、更宽广的领域。小学数学智慧课堂将学生置于新视角、新思路、新情境中，满足了小学生的好奇心和求知欲。用"问"来启发"学"，能够激发学生对数学学习的兴趣，使他们自觉地去学，去提高自己的能力。此外，在小学数学的智慧教学中，也强调用"问"来激发"疑"，激发学生的好奇心，使他们通过解题而获得新的知识，唤醒他们的思考能力，生成自己的智慧。

教师在课堂教学中要想营造民主、和谐的氛围，最重要的手段就是激发学生的学习兴趣。在智慧课堂的背景下，学生对自己的爱好会产生一种强烈的求知欲。因此，教师们要尽量为他们提供各种有利的条件，以调动他们的求知兴趣，并指导他们进行主动的思考、大胆的想象。激发学生的想象力，有利于他们在学习过程中进行创新，提高学习能力。敢于思考是敢于行动的出发点，因此，在智慧教室中，还应重视对学生进行想象的训练，用"想"来激发"创"。学生学习的主动性和创造性与教师教学的丰富性、启发性和灵活性存在很大的联系，这就对教师提出了增强其自身思维活跃性的要求。随着社会的发展，人们需要具备进取心、自信等一系列的心理素质，所以在小学数学的智慧教学中，还需要重视对学生创造性的心理素质的教育，教师要以"创造者"的角色，为学生营造一个富有创造性的学习氛围，让他们在课堂上敢于思考，善于思考。在教学中，通过对问题的引导，鼓励学生由"不敢提问"向"敢于提问""善于提问"转化，以提高他们的思考能力。比如：在讲授数学课"24时计时法"的时候，教师就会从最初的水钟开始，一直讲到今天的时钟，再通过电子白板，把我们国家计时器的发展情况展示给学生，这样就能更好地调动学生的学习热情。教师在讲课的时候，还能运用自己的智慧，通过反向思考来指导学生的解题思路，从而提高学生的思考能力。在智慧课堂上，教师要根据学生的情况，对课本进行灵活的安排，将"教教材"转变为"用教材教"，例如：在数学课"口诀求商"这节课上，课本的问题是："两个人一队，10个人分成多少队？"，教师可借鉴多媒体，将算式展示给学生，让他们更加直观地了解数学算法。

（三）注重提质增效

小学数学的智慧课堂，使用了智能导学，让学习目标变得更清晰。此外，还可以利用课件，为学生提供辅助性的学习帮助，这样教师就可以更好地掌握课堂教学的进度，极大地提升课堂教学的效率。随着新课程改革的不断深入，多媒体教学已经变成了当前课堂教学中最主要的方式，它给教学实践带来了一些新的模式，让学生们的学习兴趣得到了极大的提升，在某种意义上是教学的进步。

智慧课堂给教师们的教学带来了极大的方便，教师们可以根据自己所掌握的课程类型，结合学生之间的个人差异，选择具有多样性的教学手段，从而将抽象的内容具体化，让学生们更易于接受和理解。数学是一门循序渐进、前后相辅的课程，在智慧教室中，教师可以按照循序渐进的教学理念，为学生安排"精细化"课程，从而实现"减轻负担，提高效率"。在此基础上，本书提出了一种新的教学模式，即以开放式的教学模式对学生作业进行批改，将学习的主动权交还给学生，让他们去勇敢地去表达自己的观点。如果遇到不会做的问题，可以在对应的问题的下方进行标注，这样教师就可以对学生的学习状况有一个清晰的了解，从而达到有针对性地、适时地进行指导的目的。这样既可以让学生在轻松的氛围下学习，又能提高教师的教学质量。

小学数学智慧课堂注重引导式的课堂教育，注重课程的广度和深度；强调优化课程组织结构，提高教学效率；在具体的实践过程中，要注意进度的合理性，尽量将课堂教学的作用最大化，保证在限定的课时之内，达到三个层面的教学目标。在智慧课堂中，教育的主体由教师转变为学生，从多个角度对学生的思考进行发展，以培养他们的情感、态度和价值观，增加他们的智慧。

二、小学数学智慧课堂构成要素分析

"智慧"是一种具有高度人格特征的、正面的思考方式，要使"智慧"在教学中得到充分的发挥，就要丰富"智"的内涵。在现代化的教育观念的作用和支持之下，智慧课堂提倡自主学习或在教师的激发下发挥学生的智慧，提倡教师要走进学生世界，以学习定教为目的，善于抓住机会，用机智的方式来指导孩子们，让他们在合作与交流中得到自己想要的学习经验。智慧课堂具有主动、灵活的特点，立足课堂内容对课堂教学的组成要素进行分析可以发现，小学数学的智慧课堂的内涵包括教学目标、学习内容、主题图、练习、教学情境、教学设备、合作学习、教学结构、教师等要素。

（一）教学目标

教育目的是实现现代化育人的目标，教育目的对教育活动起着引导作用。小学数学教育目标可分为三个层面，即以知识技能、过程与方法、情感态度价值目标为主线来进行。对智慧课堂内容的设置要突出其多元化、趣味性特点。

（二）学习内容

学习内容也就是课内外的课程资源，教学目标是依靠学习内容来实现的。在智慧课堂中，既要看到贯彻教学目标的过程，又要发挥教师管理与协调的作用，此外也要看到教师在对教材的理解和教法的选择上是否突出了重点。不过，这一切都建立在对教科书的"活"用基础上。

（三）主题图

主题图指的是以特定的情境为背景，将小学数学教学内容展现出来的画面。运用好主题图的先决条件是理解其深刻意蕴，对主题图进行灵活的运用，并在适当的时候将主题图正确表达出来。

（四）练习

受到小学生认知水平以及年龄的制约，在小学数学课堂上，必须设置一些与学生的学情相联系的内容情境，最好可以进行多个层面的设计，通过这些设计检验学生对知识的理解情况,实现学生对知识的理解、技能转化、提升问题解决能力等方面的目标。这也是小学数学课堂的一大特点。

(五)教学情境

教学情境就是以课堂内容为基础呈现出来的一种具有针对性的教学环境。当然,它还要针对不同年龄阶段的学生来设置课堂环境,既要给课堂环境注入时代感,又要与学生的认识基础相结合。

(六)教学设备

现代化的数学课堂教学采用现代化的教学设备与传统的教育相结合的方式,让教师和学生一起积极地参与到教育的各个环节中去,利用多媒体对学生产生积极的影响,构建合理的教育流程,从而实现最大限度地提高教育效率的目的,而这一切的前提条件就是要正确地处理好知识传授和吸收间的关系。

(七)合作学习

小学数学智慧课堂能够为学生创造独立或合作学习的机会。合作学习以学生的分工和任务为先决条件,这一过程要求教师对其进行适当的调节。

(八)教学结构

一堂好的课程,必须要有逻辑严密的框架,环节衔接天衣无缝,时间控制恰到好处。因此,在智慧课堂中要掌握好课程的数量和进度。

(九)教师

一位聪明的教师必须具备高超的教育技巧,如在课堂中用神态、语言等辅助教学。

第三节　小学数学智慧课堂基础模型的设计

一、智慧教学的基本原则

"原则"指的是引用来解释人们行为举止依据的指导方针。只要遵守这些原则，事情就会变得井井有条。在小学数学的课堂上，要以知识为中心，以能力为基础。智慧是一种能动的思考行为，要使智慧成长，就必须提高教学中的思考内涵。基于这一点，笔者认为在小学阶段实施"智慧"的数学教学，应当遵守以下原则。

（一）"开放建构"原则

人本主义心理学家罗杰斯指出，教育的目的在于培育具有综合性素养的人才，使之适应外部环境的改变，使之具有智慧，拥有在复杂的生存环境下解决问题的能力。要达到这一目的，就需要建立一个活跃的开放性课堂，激发学生的主观能动性。学生是一个民族的未来。在智慧课堂中，要突出学生的主体性，使教师的角色向"协助者""引导者"的方向转变，并指导学生进行知识层次构建。

教学的主体是学生而不是教师。因为学生的身体和心理发展还没有完全成熟，所以在对新知进行探索的过程中，会受到多种主观和客观因素的影响，使得他们的探索结果存在差异，在此过程中，师生的角色功能作用也会随之改变。教师应在充分利用学生的知识特征的基础上，对课程进行灵活的设计，从而使学生的学习动力得到充分的发挥，并对问题进行思考。在教师的指导下，学生在探究、思考过程中的固有思想得到了解放，所以课堂上的教学是一个动态的构建过程。而这个动态建构的特征，也就导致了它的开放性。在教学过程中，教师要发挥"协助者"的作用，为学生创造有利条件，提高他们的思考能力，并指导他们在具体情况下灵活地采取适应自身发展的学习方式进行学习。

（二）"求同存异"原则

每个人都有自己的个性特征，因此，应针对每个人的性格特点，进行有针对性的教学。举个例子，同一年级的两个班级的学生，甲班的学生动手操作能力较差，课堂上的学习热情较低，思考方式也不是很灵活。而乙班的学生的动手操作能力相对较好，他们热衷于实践，乐于积极动脑去获取新的知识，因此在教授相同的课程时，教师需要在原来的教学设计基础上，根据班级的具体状况对其进行相应的调整和改变，以达到服务每个学生的目的。

在小学数学的智慧课堂中，教学工作不仅要注意与学生的人格特征以及认知水平相结合，还要注意到在课堂中所呈现出来的各类细节资源，以达到提高学生智慧的目的。这样不仅能让学生对数学教学的实质有更深刻的认识，让他们在学数学中领悟到数学的真谛，还能激发他们的思考、创造能力，进而锻炼他们的数学逻辑能力。

（三）"创新发展"原则

在学校教育中，应重视对学生创造性思维的训练，促进其全面发展。要想提高学生的创造性思维，就要用自身的创造力来推动他们的思考，帮助他们突破固有模式，激发他们的聪明才智。在实施素质教育的过程中，教师应根据培养高层次人才的需要，灵活地调整课程内容，使之适应新时代的需要。这就要求教师们重构自己的教学理念，改革自己的教学方法、课程内容、实施手段，尤其要坚持以"学生中心"的教学理念，充分利用自己的教学智慧，为学生创造一个轻松和谐的学习气氛，让他们从小养成善于提问、勇于发言的习惯。小学数学智慧课堂注重"智育"，注重学生的全面发展，注重灵活的教学，注重对思维进行扩展，是一种富有内涵的教学形式。

二、智慧课堂基础模型的选取与设计

在课堂教学中，可以运用一种科学的数学教育模式。编写本书时，笔者查阅相关资料，借鉴了何克抗教授的"以教师为主导，以学生为主体"的课堂教学体系构建模型。这种教学方式将奥苏贝尔提出的有意义接受教学理论和建构主义教学理论做了有机融合，它不仅体现了教师在教学中的引导功能，而且突出了学生在教学中的主体性，凸显了以"以人为本"的教育理念。在此基础上，笔者重构了一种新型的数学模型，如图3-3-1所示。

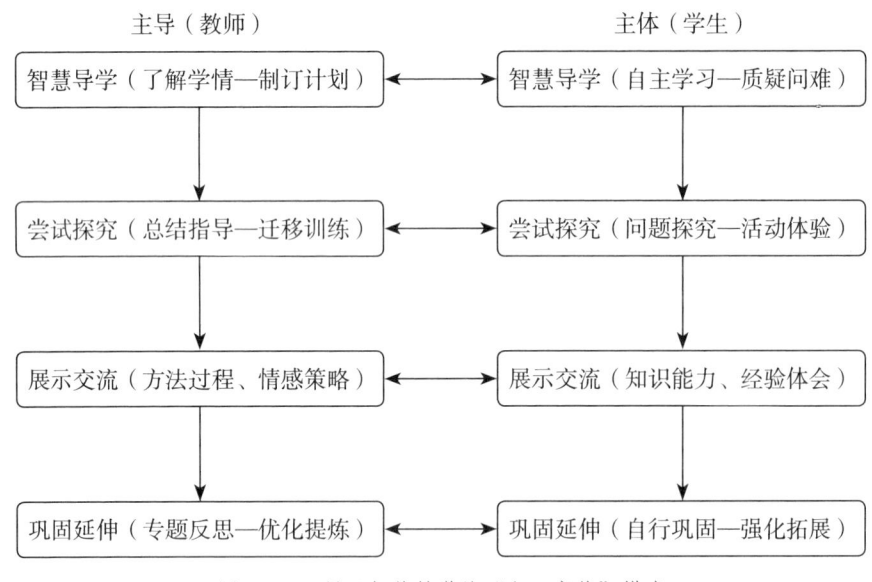

```
     主导（教师）                         主体（学生）

  智慧导学（了解学情—制订计划） ←→ 智慧导学（自主学习—质疑问难）
              ↓                                    ↓
  尝试探究（总结指导—迁移训练） ←→ 尝试探究（问题探究—活动体验）
              ↓                                    ↓
  展示交流（方法过程、情感策略） ←→ 展示交流（知识能力、经验体会）
              ↓                                    ↓
  巩固延伸（专题反思—优化提炼） ←→ 巩固延伸（自行巩固—强化拓展）
```

图3-3-1　展示智慧教学的"主—客体"模式

这种教学模式以学生认知能力和思维敏捷性为基础，凸显了小学课堂灵活、生动的特点，由智慧导学、展示交流、尝试探究、巩固延伸四个环节组成，不同环节都有独特的任务。在"智慧导学"这一部分，教师要依据学情，按照所制订的课程方案，向学生展示他们所要解决的主要问题，并通过作业来引导学生对其所要解决的问题进行反思，打开他们的智慧大门。在

"尝试探究"这一部分，学生要按照前一部分提出的问题，结合所处的环境，进行自我探索，如果自我探索失败了，再进行集体探索，然后在教师的指导下，进行集体修改。学生可以用自主探究、交换意见、小组探究等方式来对问题进行解答，而教师可以对这些问题展开巡查和指导，同时收集学生在学习的过程中所遇到的各种细节资源，并对他们进行迁移训练，这个环节是学生体验式学习的重要节点。在"展示交流"部分，以学生、教师、教材为主体，通过互动激发学生的智慧创造，教师要在课堂上引导学生独立构建知识体系，重视对学生不同思维方式的引导，使学生的能力在实际操作中得到充分的发挥。在"巩固延伸"这一部分，教师要找到一种最优的模式，让学生对新旧知识进行融合串联，形成知识库，指导其对所学的内容进行巩固、升级，以使学生通过自己的努力，培养能力和发散思路，不断地提高自己。在这种教学方式下，学生能够在学习中不断地进行自我提升、自我完善，从而达到凝聚智慧的目的。

智慧课堂的特点就是要突出学生的主体作用，教师们以学生的认识特征为基础，进行适当的课程设计，并协调学习过程，引导他们尝试解决问题、发现问题，并创造性地运用其所学到的知识。因此，在这个过程中，教师可以通过灵活的方式，对学生进行有效的辅导，并引导学生采取各种方式去探究新的知识，让师生关系变得更加融洽。这种教学方式的智慧主要表现为：师生协作提出问题，教师引导解决问题，学生重构创新智慧。

三、智慧课堂模型解读

智慧课堂的目标是培养学生的创新思维，引导其开发新的智慧。这就意味着，课堂不再仅限于让学生掌握讲授性知识，而是要注重如何将更多的注意力放在对学生学习能力的培养上，如何指导他们选择适当的数学学习方法，如何更好地激发学生的智慧。以下将结合智慧课堂教学模式的具体流程对上述三个问题进行说明。

(一)课前(智慧导学)

教师要以学生的认识程度和各个层级的需要为基础,充分运用课本等教育资源,并将之与自己的教育智慧相结合,为学生提供具有较高参考价值的资料,以教育结果为目标,指导学生逆向构建知识,将他们的思考动力激发出来。教师还要使用与学生生活密切相关的教育主题,为学生创设问题情境,驱动他们进行学习,释放其内在学习动力。在上课的时候,教师要为同学们留出一些思考的时间,学生要根据自己的认识程度挑选适合自己的学习方式,对于没有掌握的知识,在解答的时候要将想法和思路都记录下来,最后在课堂上进行修改。这种方式能够使学生聚焦注意力,产生思维碰撞、情感融合,进一步积累经验、丰富智慧。

(二)课中(尝试探究、展示交流)

在课堂中,教师要以教学内容的目标要求为依据,对教学工具进行合理的选择,引导学生向更深层次思考。与此同时,教师要为同学们创造合适的交流、分享机会,让学生在实践与领悟中对所学的东西有更深刻的理解。教师还可以对学生学习状况和进度进行调节,以使其达到最佳的效果。在合作交流的过程中展开自我评价和互评,不但能够有效地增强课堂气氛,而且还能够训练并提高学生的思维能力,突破传统课程的时间和空间的限制,更好地发展学生各个方面的能力。真正地获取知识来自构建,因此在课堂中要将探索的思想融入其中。而"智慧教室"就是这样一种思想,其以提高学生的探索能力为重点,有助于丰富学生的智慧层次。

(三)课后(巩固延伸)

教师可以根据实际情况适当提升作业难度,以此帮助学生巩固课堂所学习的知识。课后可以通过学生交叉互评、教师评价的方法,来对整个教学过程进行总结和反思,这种方法可以让学生的思路得到更深层次的扩展。这一环节的练习,是以学生的认知水平为基础进行分层设置的。教师要以学生完成练习的情况为基础,掌握学生学习的内因,并对学生普遍存在的难点展开讲解,以达到使学生巩固和强化知识的目的。同时,学生也可以在课后按照自己的学习进度和习惯，选取有针对性的课外练习，以加强记忆。

要想让学生创造出自己的智慧、提高思维能力，那么就必须将"有教无类、因材施教"的思想贯彻下去，在引入问题到探究真知的过程中，让学生领悟知识的真谛，并对其认知进行系统化重构，扩展学生的知识框架，提升学生的思维创造能力。

第四节 小学数学智慧课堂教学模式的构建路径

在教学过程中,为了促进理论联系实际,确保实践沿着正确的理论方向发展,并通过实践对理论进行验证和完善,就需要深入的研究和分析教学模式。本部分首先详细阐述了基础模型,完成了两种不同教学方式下的新型教学模式的构建,其次,数学教师分别应用这两种模式进行教学实验,笔者将课堂观摩和教师访谈相结合以获取有效数据;最后对教学效果进行了验证。下文将对这两种模式进行详细的论述。

一、小学数学互动式智慧课堂教学模式

在开展教学活动之前,教师首先要基于小学生的发展和学习规律重组教学资源,促进学生重塑知识体系。在组织开展学习活动时,要加强师生和生生的互动,以培养学生自主探究的能力,帮助学生内化吸收新知识,为后期灵活迁移和运用知识奠定基础。

以问题为驱动的互动式小学数学智慧课堂教学模式,在坚持教师为主导的基础上,充分发挥学生的主体作用,加强师生互动,通过教师的引导,增强学生参与课堂教学的积极性和主动性,促使学生体会数学的魅力和乐趣所在,进而提高学习效率。教师在该模式下扮演着多重身份,既要组织教学活动,还要传递知识和引导学生,这就要求教师要对教学内容和活动进行合理的设计和

组织，还要加强关注学生的学习表现，以对教学策略进行适当的调整。通过教师的引导，学生能够充分发挥主观能动性，完成新旧知识关系的构建。在这一过程中，学生不仅能够掌握基础知识和技能、锻炼动手动脑能力，还能对基本的数学思想有更深的理解，有效提升思维能力与数学核心素养。

智慧是学生在自主学习和探索的过程中生成的，但要想充分发挥其作用，还需要教师进行激活。这就要求教师要多观察、多了解自己的学生，根据学生的特点和学情来选择、优化教学模式和策略，促进学生思维能力的提升。

该模式以学生为中心，从学生的实际情况出发，通过互动式的学习，学生可以逐渐养成良好的学习和思维习惯，进而积极地探索问题，主动与教师和同学交流，体会到数学的乐趣和魅力。在小学数学教学课堂中，该模式的作用表现在多个方面，详见表3-4-1。

表3-4-1 互动式教学模式在课堂中发挥的作用

课堂教学环节	课堂教学目标	智慧课堂具有的功能
智慧导学	对学生之前掌握的知识内容进行温习； 通过对旧知识的学习掌握新知识	例题展示； 创建有效的学习情境，集中学生的关注点
尝试探究	对新的知识进行了解与掌握	展示教学资料，吸引学生的目光； 展示相关问题，带领学生大胆尝试
展示交流	以活动的形式接受新知识	将师生在进行互动交流中的成果展现出来，以帮助教师更好地了解学生当前的学习进度
巩固延伸	对新知识加以拓展，完成知识的使用与迁移	展示相关习题； 对总结得到的知识框架进行展示

二、探究式小学数学智慧课堂教学模式

随着我国课程改革的不断深化，教育教学界开始推崇三种新的教学方式，即自主学习、合作学习与探究学习。其中，探究学习对于调动学生的学习积极性、培养其自主探索的能力以及解决实际问题的能力有着积极的促进作用。为了提高学生学习的自主性、有效性及其个性化发展，《基础教育课

程改革纲要（试行）》对转变学习方式予以强调，提倡自主学习、探究学习和合作学习，有效促进教学模式由教师为中心转变为以学生为中心。而探究式小学数学智慧课堂教学模式集中体现了上述学习特征。教师在教学中是学生的引导者，通过提出问题，让学生在探索与交流的过程中对新旧知识加深理解和掌握，并对其进行灵活的迁移和应用，促进认知、情感和价值三维教学目标的达成。自主、探究及合作是探究式教学模式的重点，该模式强调让学生通过思考、交流和实践来获取新知识，教师只需要将基本的数学思想教授给学生，引导学生体会数学的乐趣并将其表达出来。

相较于互动式教学模式，探究式教学模式有着更加宽松开放的学习环境，十分适合开展主题性和探究性强的教学活动。在课前，教师可以结合学习内容和学生的学情设计一系列问题，引导学生发现问题并主动探索，提高其学习的积极性。在这一过程中，教师是教学活动的组织者和学生学习的引导者，通过自主、交流以及合作三种探究方式，学生的思维能力能够得到有效提升。

探究式小学数学智慧课堂教学模式以学生为中心，充分发挥学生的主体作用，在教师的引导下，激发学生的学习热情，让其主动地投入教学活动中，同时教师的主导作用也能得到充分的体现。教学以问题为驱动，学生在教师的引导下发现并探索问题，然后通过小组交流与合作，实现新知识的获取。在讨论过程中，教师可以进行适当的引导和总结。教师设置的问题需要具有开放性和启发性，这样才能让学生在探究、交流与合作的过程中学习和掌握新知识，提高自主学习能力和数学核心素养。同时，该模式还需要教师根据学生的实际情况来进行选择，只有学生具备一定的学习能力时，才能在教师的引导下积极主动地投入学习并在自主探索中获取新知识。

中高年级的小学生已经积累了一定的基础知识技能和学习经验，不再像低年级学生那样过度依赖外界，而是希望展现自己的个性和能力，因此，他们更适合探究式教学模式。在该模式下，学生能够积极主动地参与教学活动，加强与老师和同学的交流，并在碰撞思想的过程中构建知识间的联系。而讨论中的争辩、质疑和探究能够有效增强课堂的趣味性，让学生体会到数学的乐趣。

在开展教学活动之前，教师要设置一些具有探究性和启发性的问题，以激发学生的学习热情，引导学生进行探索、交流与合作，最终实现新知识的获取。在小学课堂中，探究式智慧课堂教学模式所发挥的作用表现在多个方面，详见表3-4-2。

表3-4-2 探究式小学数学智慧课堂教学模式

教学环节	教学目标	作用
内容导入	增强和提高学生学习的动力和积极性	呈现学习材料以激发学生的学习热情
思考与探究	引导学生通过思考对问题进行初步的探究	呈现学习内容给学生以启发和引导
交流及其结果展示	培养和发展学生的创新创造思维，提高其分析和解决问题的能力	为学生进行交流和探究提供相应的素材
巩固与拓展	对新知识进行巩固、迁移和运用	通过总结归纳完成知识框架的构建和呈现

三、互动式教学模式与探究式教学模式

互动式小学数学智慧课堂教学模式强调学生与教师之间的互动，在学习知识和技能的过程中，教师发挥了指导和引导作用。而探究式小学数学智慧课堂教学模式则是以学生为中心，教师只负责组织教学活动、提供学习策略，学生要自主探索与合作，最终获取新知识。由此可以看出，前者虽然也重视学生的主体地位，但仍是以教师为主导，后者则充分发挥了学生的主体地位，鼓励学生自主学习。两者存在一定的差异，但又互相联系。

（一）区别

教师的主导作用和学生的主体地位是两种教学模式都强调的，但互动式小学数学智慧课堂教学模式以教师的主导作用为重心，而探究式小学数学智慧课堂教学模式则是以学生的主体地位为重心，详如图3-4-1所示。

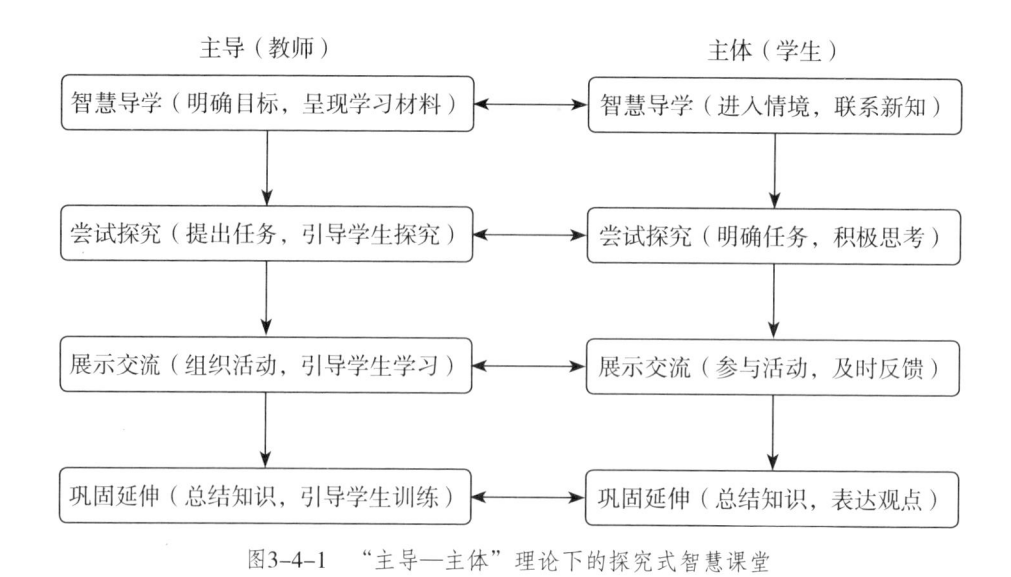

```
主导（教师）                                    主体（学生）
┌─────────────────────────────┐      ┌─────────────────────────────┐
│ 智慧导学（明确目标，呈现学习材料）│←────→│ 智慧导学（进入情境，联系新知）│
└─────────────────────────────┘      └─────────────────────────────┘
              ↓                                    ↓
┌─────────────────────────────┐      ┌─────────────────────────────┐
│ 尝试探究（提出任务，引导学生探究）│←────→│ 尝试探究（明确任务，积极思考）│
└─────────────────────────────┘      └─────────────────────────────┘
              ↓                                    ↓
┌─────────────────────────────┐      ┌─────────────────────────────┐
│ 展示交流（组织活动，引导学生学习）│←────→│ 展示交流（参与活动，及时反馈）│
└─────────────────────────────┘      └─────────────────────────────┘
              ↓                                    ↓
┌─────────────────────────────┐      ┌─────────────────────────────┐
│ 巩固延伸（总结知识，引导学生训练）│←────→│ 巩固延伸（总结知识，表达观点）│
└─────────────────────────────┘      └─────────────────────────────┘
```

图3-4-1 "主导—主体"理论下的探究式智慧课堂

通过对比可以发现，在互动式小学数学智慧课堂教学模式中，教师会将学习任务清楚地呈现在电子白板上，为学生创设一个具有启发性的情境，这样学生就知道本节课的重点。在教授知识后，教师会给学生布置课后练习，并根据学生的做题情况进行后续的指导。而探究式小学数学智慧课堂教学模式则是将学习的主动权交给学生，教师提出一系列的问题，引导学生自主地探索、交流和总结，最终获取新知识。在互动式教学模式中，师生和生生之间的交流互动更加密切，教师也会根据学生的表现给予合理的、必要的指导。教师会将反映学生学情的作品投影出来，就学生出现的普遍的和具有代表性的错误进行重点讲解，加深学生对基本思想的理解，使其切实掌握新知识，以达到理想的教学效果。探究式小学数学智慧课堂教学模式以学生为中心，教师提出具有启发性和探究性的问题后，让学生以小组的形式开展讨论，组员发表各自的观点看法后，互相评价，然后由教师指导和总结，学生们再进行反思，实现新知识的获取，并灵活迁移和运用这些知识解决实际问题。所以新课程的讲授适合应用互动式智慧课堂教学模式，而复习课和探究课则适合应用探究式智慧课堂教学模式。

（二）联系

有效激发学生的学习热情，让学生积极主动地投入课堂教学中，是这两种模式共有的优点。在课堂教学中，教师通常会融合这两种教学模式，并根据学生的学习能力和基础，对教学策略进行适当的调整，因此，二者也是互相补充、互相促进的关系。

第四章 智慧课堂理念下小学数学合作学习实践

第一节　小学数学智慧课堂理念下高效合作学习的意义

一、合作学习概述

不同学者从不同角度对合作学习的概念进行阐述分析，得出的结论也存在差异，笔者对已有的研究结论进行了类型划分，结果如下。

国外研究学者约翰逊兄弟（Johnson, D. W; Johnson, R. T）在其研究中提出合作学习的概念，并对这个词的含义进行了解释说明，他们认为，在教学活动中，适当地划分学习小组，让学习者融入小组学习中，共同解决问题，这是一种学习能力，能够在合作学习中突出团队优势，也可以提高学习效率水平。合作学习在具体开展的过程中，需要以小组合作的方式开展，学生的学习不再以单一的个体学习为主，而是通过融入集体，来发挥团体的优势，自己能力可以得到提升，合作意识也可以得到增强。古斯基教授（Guskey, T. R.）的观点表明，从本质维度上分析，合作学习是区别于个体独立学习的一种学习形式，把学生划分成不同的小组，相互讨论，来共同解决同一个问题，针对性地采取措施来应对解决。斯莱文（Slavin, R. E.）认为，合作学习可以提供一个良好契机，让个体融入集体学习活动中，是教学技术的一种，通过合作学习，每个小组个体都可以享受团体学习带来的成果。沙伦（Sharan, S.）在对合作学习研究的过程中指出，合作学习就是各种方法在课程教学中应用的总和，需要事先做好组织安排。赖特（Light，P. H.）和梅瓦里克（Mecarch，Z. R.）则认为，合作学习需要小组成员相互合作，发挥优势，合理分工，共同营造良好的合作学习氛围，为达到共同目标服务。

我国研究学者对合作学习研究的时间较晚，但是随着教育改革的推进，关于合作学习的研究也逐渐增多。研究学者王坦积极探索理论指导和实践两者融合的可行性路径，对合作学习的概念进行了解释说明。他表明合作学习是一种新型的学习形式，与个体单一的学习方式不同，通过组建学习小组，发挥小组中不同学习成员的协同作用，能够相互合作，解决面临的共同问题，依据集体成绩来反映学习小组的合作学习能力，是一种重要的教学策略。文泽的观点表明，合作学习是教师使用教学方法的一种，通过布置团队学习任务，组建学习小组来开展教学活动，可以增强学生的合作意识与协同精神。盛立群的观点表明，合作学习在课程教学中，教师组建异质学习团体，成员数量在46名。顾徐达则认为，合作学习是小组成员为实现共同目标而开展的教学活动，其在具体执行中，涉及不同的流程，成员之间需要相互沟通交流、合理分工、相互帮助，为共同问题的解决贡献力量，互助学习的特征比较突出。

通过以上分析得知，研究学者比较认同的是合作学习是指为了达成共同的学习任务目标，并且在具体合作中，个体的分工不同，相互帮助，形成协同力，提高学习效率，其是教学活动重要的构成内容。教师在确定学习任务后，小组成员自由发挥，开展合作学习活动，还需要对学习活动开展情况进行评价，反馈合作学习取得的真实成效。

二、智慧课堂理念下小学数学高效合作学习的意义

（一）突破传统合作课堂的限制

1. 打破低效合作学习现状

小学生尤其是低段的小学生，个人表现欲望较强，如果在学生发展过程中，只是让学生自然发展，而不关注外部环境对其造成的影响，可能会削弱学生的合作意识，其技能发挥也有可能受到影响。在教育改革的背景下，促进学

生合作学习是重要趋势，增强学生小组合作意识，提高问题的协同解决能力，可以帮助小组成员增强学习能力，获得更好的学习成果。

　　传统教学模式大多是以教师讲解为主，学生被动地接受知识，课堂上的互动也只是以口头互动为主，小组展示机会并不多，多组讨论的学习场景很少应用到，成果分享往往占用大量的时间，教学活动效果不佳，学生小组合作的意识不强。而智慧课堂教育要求充分发挥技术优势，解决传统小组合作学习存在的不足，增强学生的合作意识，调动学生的学习积极性，获得预期良好的学习效果。

　　合作学习方式的运用需要遵循一定的分组原则，突出异质性要求，充分发挥小组每个成员的作用，让学生明白借助团队的力量，可以在学习中取得更大的成果。在教学智慧化改革背景下，小组合作学习需要注重学习氛围的营造，根据需要解决的问题主题，来营造合适的课堂学习氛围，小组成员之间相互讨论，有明确的分工合作，相互分享观点，相互支持，发挥团体协同力的优势，为共同问题的解决创造条件。学习成果的获取可以让小组成员感受到小组合作的乐趣和成就，能够激发学生的内在潜力，使其主动积极地参与到小组合作学习中，发挥自身的优势。学习能力较弱的学生可以在学习能力强学生的带领下，勇敢表达自己的观点。教师也可以提供新的问题解决思路，让学生自己讨论，推导知识结论，以促进学生学习效率的提升。教师还可以根据小组学习情况，通过打分的方式来激发学生的学习动力，让小组成员可以为小组荣誉努力。从小组内部构成情况上看，小组成员之间需要相互监督，确保个体的作用都得到发挥，为小组学习成果的获取贡献力量。除此之外，不同小组之间也可以合作，尤其是能力强的小组可以带动能力弱的小组，让全班学生都能够意识到学习合作的重要性，并积极参与其中。

　　智慧课堂在具体开展中对学生提出要求，采用围坐的方式以方便学生之间的沟通交流，通过不同的方式记录整个学习过程，并对合作学习成果进行展示，一个小组展示成果，其他小组人员可以进行点评评价，通过横向比较，实现学习信息和资源的高效共享，营造良好的学习氛围，增强学生的合作学习意识。在具体开展合作学习的过程中，应根据需要解决问题的内容，采取措施，形成良好的协同分工状态，让学生能够充分沉浸在学习合作氛围中，通过尝试不同的方式来寻求解决问题的方法，体验学习成果获取的成就感与满足感，让学生能够全身心投入学习中，分工协作，进行高效沟通，实现学习价值。智慧课堂要求加强学生和教师之间的沟通交流，通过小组合作方式开展学习，挖掘每个小组成员的潜力，寻求多种不同的问题解决方法，进而选择最佳解决方案，以达到更好的学习效果。

2. 突破合作学习的时空限制

传统的小组合作学习主要集中在教室内，时间也比较有限，缺少现代化信息技术的支持，导致教师和学生的沟通效率不高，课堂氛围不够活跃，互动也是以简单的口头互动为主，学生真正参与到学习合作中的时间较短，无法取得理想的学习效果。

智慧课堂建设小组合作学习，从不同的环节着手落实。比如：小组成员之间分配好学习任务，有的可以在预习任务中查阅资料，有的负责提问发言，小组成员共同讨论，寻求问题的解决方法。学习合作并非仅仅集中在课堂教学阶段，将其运用于课前预习、课程教学实施以及学习反馈等环节中，可以弥补传统小组合作存在的缺陷和不足，实现学习合作朝着课堂外延伸，借助大数据进行记录，促使小组内部成员相互沟通交流，通过评价结果发现不足，以便为之后的学习合作活动开展积累成功经验。

教师要提前布置学习合作内容，并提出一些要求，学生可以借助信息平台来领取任务，然后组建小组，并直接利用先进的学习设备来开展合作。这样就可以打破时间和地点的约束和限制，只要有时间，就可以通过线上合作来推进学习任务，小组成员发表自己的看法和观点，相互交流，获得小组合作学习成果，并把学习成果传输到学习平台中，方便教师查阅、提供指导。教师可以把不同小组的学习成果在班内公开，让不同组别的学生了解其他小组的学习情况，在作品评价中积累成功经验，分享高效的学习方法。通过课后学习可对学习过程进行补充，小组成员可以利用智慧系统的优势，实现学生学习数据的采集，通过数据分析结果，明确不同学生的学习表现情况，了解学生是否掌握了所学的新知识，以便及时做出调整，更好地发挥学习合作的优势，为教学活动开展服务。

（二）促进学生深度学习

1. 培养学生高阶思维

智慧课堂要求突出学生的学习主体地位，也就是尽可能地挖掘学生内在的学习积极性与能动性，使其能够主动参与到学习活动中，传递新的教学理念，让学生意识到学习是学生自主探索知识的过程，教师仅仅是引导者。只有对这种转变有正确的认知，学生才能够更好地开展学习活动，充分利用各种学习资源，教师布置不同的学习任务主题，促成学生之间的学习合作，增强学生的合作意识和合作创新能力。智慧课堂教学创新需要建立在资源共享的基础上，相关的创新潜能得到最大限度地挖掘与利用，高阶思维得到发展，在合作中，发挥不同学生的优势，实现内在潜力的挖掘，获得良好的差异化教学效果。

在小组合作学习的过程中，要把学习任务作为重要的导向，教师可以通过学习平台或者以纸质方式来发布任务。如果使用白板来布置任务，可能会让学生主观能动性的发挥可能会受到影响。纸质任务无法契合不同学习主体的差异化需求。智慧课程的开展能够营造良好的信息化环境，使学习任务的发布方式更加多样化，根据不同学生认知水平和学习能力的差异，推送不同的学习资源，提供不同的选项，让学生选择符合自己要求的学习资源。这能使学生学习的主体地位得到很好的保障，为学生和环境之间的融合创造条件。不同学生会从不同的角度思考问题，得出的结论也会存在差异。多元化思考可以培养学生的思维能力，增强学生的创造能力。

2. 改变学生学习方式

智慧课程在开展过程中，弥补了传统小组合作模式下存在的缺陷与不足，小组成员之间相互合作，以学习任务目标为导向，采取不同的学习方法和措施来达成学习目标，从原来单一的学习活动向集体学习活动方向上转变，发挥自身的自主学习能动性。

智慧课堂在具体实施过程中,需要把学生的学习需求考虑在内,在实施小组任务探究活动时应尽可能地满足不同个体的需求,安排不同的学习任务,确保学生个性化、差异化学习探究活动的顺利开展。智慧系统在实际运行中,会增加一些多元化教学资源,教师可以合理利用这些教学资源,实施多层次教学活动,不同层次的学生所使用的学习资源存在差异,这样就可以有效满足不同学生的个性化发展需求。

自学能力的获取更关键,其也是反映个体能力的重要依据。智慧课堂教学比较重视学生自学能力的提升。智慧课程合作学习对于学生自学能力提升有很大的帮助,虽然其是以小组合作的方式展开的,但是学生在小组合作中扮演着不同的角色,这实际上对学生自主学习能力进行了锻炼。小学生的学习注意力不够集中,学习主动性与积极性不高,尤其是在小组合作学习中,参与性不高,无法达到良好的合作学习效果。要想共同解决问题,就需要每个成员都参与其中,在进行自我反思后,全员一起分析,找到存在的问题,对问题解决思路进行把握,灵活地选择学习方法。在这个过程中,学生自主学习能力能够得到锻炼,组织参与意识也能得到增强,实现学生之间的积极配合。

3. 提高师生课堂效率

智慧课堂合作小组的构建很有必要,可以提供机会,促进教师和学生之间的交流,这种交流不再局限于口头交流,也不仅仅是在课堂内交流,而是做出了延伸,师生可以利用智慧学习系统,通过信息平台来交流意见,以达到更好的交流效果。师生交流对于问题的解决有很大的帮助,教师可以引导学生找到问题解决的突破口,逐渐提高课堂效率。

在传统教学模式中,学生的学习主体地位得不到重视,教学效果不佳,学生被动地接收教师的知识传输,学生情感态度的形成与发展无法取得理想的效果,导致学生学习的积极性不高,上课注意力不集中。在智慧课程实施过程中,通过合作学习,学生以小组合作的方式来自主探索问题,寻求问题解决方法。智慧课堂小组合作在具体实施过程中,学生之间的合作可以延伸到课外,利用智慧平台，借助碎片化时间来讨论学习，这能极大提高学习效率。

小组合作学习模式的应用实现了教学策略的调整，契合学生的认知规律和个性化发展需求，通过创设情境，让学生积极融入学习氛围中，亲身体验学习成果获取的乐趣和成就，理解性教育实施也成为可能。小组合作学习不再延续传统的教育形式，而是拓宽了教学形式，拉近了知识与实际生活之间的距离，为学生的深入思考提供了可能。

第二节　小学数学智慧课堂中合作学习教学模式与要求

一、智慧课堂合作学习教学模式的建立

（一）二次作答与合作学习

对教学重点和难点进行教学的过程中，需要充分发挥小组合作的优势，让学习个体充分参与其中，感受小组合作学习的氛围，落实小组合作分工，引导学生深入思考，形成正确的思维意识。

二次作答教学模式往往与理解性教学有较大的关联，除此之外，其还在概念辨析以及合作任务达成过程中发挥着一定的作用。合作任务设置需要具有一定的难度，如果过于简单，对学生而言没有挑战性，学生就无法从学习成果的获取中得到强烈的成就感。教师可以提供不同的答案选项，将其数量控制在3~4个，其中只有一个是正确答案。如果是一些开放性的问题，教师可以不给出明确的答案，而是要求学生通过小组合作学习的方式进行探讨，为学生交互能力的提升创造条件。

二次作答是一种重要的新知学习方式，能够反映学生对正确答案的追求，对真理的追求。第一次问答后，可以及时通过可视化方式，对小组合作学习取得的成果进行展示、呈现，部分学生可以在获取统计图后，推断答案是否

正确，但是还有部分学生可能不知道自己的问题所在，因此，可以展开二次作答，教师引导学生发现自己在推导过程中存在的问题，及时通过小组交流来分享观点，以刺激学生的求知欲，增强学生的探究学习能力。

在小组交流的过程中，每个学生都可以说出自己的观点，分享自己对所学新知的理解，这里的交流并不是对正确答案的推导，而是不同学生根据自身的认知和学习能力对所学知识给出的一种见解，可以为之后小组成员推导正确答案创造条件。一些学生在学习过程中，可能会采取精细加工的方式，还有一些学生对新知把握不到位，可能会造成一些负面影响。一些学习能力强的学生也需要借助正确的陈述引导，把观点分享给大家，为之后教师的总结做好准备工作。一些学生的知识推导结果得到纠正，可能有两种原因：第一，同学的提示，让陈述的学生纠正答案；第二，通过对其他小组学习成果的倾听，发现自己思考中存在的不足，并及时做出调整。

小组成员交流后，二次作答的结果趋同发展的可能性就会大大提高。从结果看，二次作答可能存在两种情况，一种是答对，另一种是答错。不同学生思考问题的方向不同，学习能力差异较大，第一次答对，可能是理解新知的含义，也有可能是在不理解的情况下，随便选择的答案，恰巧这个答案是正确的。答错的学生可能是因为理解上出现错误，导致最终答案选择错误。小组沟通交流后，进行二次作答，学生答对的可能性也会大大提高。小组成员中一些学习能力较强的学生可以教会一些理解能力差的学生，选择答案的正确性也会极大提高。如果组内学生的观点不同，教师可以将其展示到全班讨论，让选择正确答案的学生讲述自己的思路，提高互动交流效率，使学生对知识的理解进一步加深。

（二）作品分享与合作学习

学生小组合作取得的成果相互分享，能够为小组协作创造条件，在作品分析的基础上，评价学习效果，在学习中做到创新，从不同的角度分析问题。

作品分享可以借助信息技术平台实现，把作品传输到一体机之后，教师把作品传给小组，布置小组任务，小组成员可以分工合作，也可以对其他组的作品进行评价分析，从中获得启发，以更好地完成自己所在小组的任务。相互分享即引导学生从不同的角度思考问题，合作任务的理解并非局限于某个方面，而是从多个维度来寻求可行性问题解决方法，促进作品形式呈现的多样化。

这种模式在实际应用的过程中，可以很好地激励学生以任务为驱动导向，更好地开展小组合作。二次合作时，学生之间的主要竞争体现在最佳作品的竞争上。第一次合作主要是为了完成教师布置的学习任务，小组成员进行分工，把总的学习任务划分为小任务，安排小组成员来完成，通过小组成员的共同努力，最终解决问题。第二次合作则是根据第一次合作作品的回传，实现不同小组之间的作品评价，分析各小组作品存在的优势和不足，并票选出最佳作品，促进学生高阶思维的形成。

（三）差异推送与合作学习

差异推送主要是根据小组学习正确率高低，向不同的小组推送不同的学习资源，目的是激发小组的学习动力，达到更好的合作学习效果。

差异推送教学模式在实际应用的过程中，往往在重难点知识的巩固中有较高的使用频率，可为拓展内容学习创造机会。在具体运用此种教学模式的过程中，需要遵循小组成员组建的异质性原则，不同小组的总体水平要大致相同。但是在不同学习阶段或者是针对某个知识点的学习上，不同小组之间的差异就很好地体现出来。该种教学模式实际上对教师也提出了较高的要求，教师也应实施差异化教学。

教师推送不同学习任务给不同小组的过程中，小组学习动力的获取与任务直接相关，除此之外，和其他小组之间存在的竞争关系，也会使其产生驱动力。对教师而言，要想更好地引导小组之间的竞争，就要善于采取措施，在推送任务的时候，通过不同小组学习成果评价图的推送，激起小组的竞争动力或促成小组间的合作。能力强的小组可以帮助能力弱的小组，教师可以根据得分情况提供相应的指导帮助，通过评价计分方式来增强小组成员的合作意识，促使其努力避免再次落后。

二、智慧课堂中合作教学的基本要求

（一）选择恰当的内容

要想更好地达成小组合作的效果，学生需要具备一定的合作意识，只有这样，才能以与小组其他学生进行充分沟通交流，相互表达观点。但是对小学生而言，要想顺利地进行沟通交流可能存在难题，这就对教师提出了要求。在布置小组学习任务的过程中，教师要选择合适的合作学习内容，如果是简单的问题，可以让学生独立思考处理；对于有一定的难度的问题，则需要通过小组合作的方式来解决。

合作学习活动内容设置要合理，难度要适中，如果过于简单，就无法起到激励学生的效果，如果难度较高，学生尝试较多的方法也寻求不到解决方案，可能会削弱他们的学习积极性。因此，合作学习任务难度要适中，具有一定的挑战性，能够激发学生的求知欲又不会抑制其积极性。学生通过合作来探索问题的可行性解决方案，从中体验知识获取的乐趣，有助于提高学生的学习效率。如果问题争议较大，需要辅助资料，可以采取小组合作方式来实现，做好小组成员的分工，充分调动学生的学习积极性，发挥学生的主体地位，使其得到更好地成长。

（二）异质分组，编排组号

合作学习的实施建立在分组的基础上，也就是说，合作学习的准备工作就是要划分学习小组，小组组建要遵循一定的原则，确保小组组建的合理性。约翰逊兄弟是合作学习课题研究的重要代表人物，他们的观点表明，小组合作必备的要素体现在不同方面，如相互依赖、沟通交流、责任承担等。异质分组特点比较突出，通常情况下，人数控制在3～4人，小学生自主学习能力不强，对他人的依赖性往往较大，小组编制可以适当地选择学习能力与水平不同的成员，有学习能力强的学生，也有学习能力弱的学生，不同小组的总体水平大致相同。小组中设立一名组长，在合作学习的过程中，明确不同成员的学习任务，相互讨论交流，增强小组成员的合作意识，达到良好的学习效果。

如果是讨论解决复杂程度较高的问题，那么教师需要在小组合作的过程中引导其合理分组，促进组内成员的沟通交流与合作。小组成员相互帮助，学习能力强的学生帮助学习能力弱的学生，每个成员都可以表达自己的观点、想法和解题思路，最后对每个成员的意见进行汇总总结，最终目的都是为了完成小组合作任务。这实际上对教师教学理念提出了一定的要求，即教师要让每个学生在小组合作学习中取得进步，体会到学习的快乐。

（三）小组合作，明确要求

合作学习任务目标的设定很关键，是任务完成质量评价参考的重要依据。合作学习任务目标的设置需要满足一定的条件，具备一定的特征。首先，任务目标应该具备可检测性；其次，能够采取措施来执行操作，相互依赖性特征显著；最后，设置的任务目标可以进一步分解。教师布置任务的时候，需要清晰地告知学生，让学生对合作学习任务目标有详细的了解，确定小组讨论使用什么方式来完成任务。学生也可以把合作行为与结果进行对比，明确小组合作学习存在的价值，积极参与其中。

（四）及时激励，加星评价

在小组合作学习过程中，教师还需要制订合理的激励机制，对不同学习小组的学习成果进行及时评价，并采用合适的方式来激励学生。在增强学生竞争意识的同时，让学生积极参与到小组合作中，使学生的学习能力得到提升，增强学生的社交能力，维持良好的小组合作关系。除此之外，教师还需要不断完善小组评价竞争机制，合理设置奖励，把物质奖励和精神奖励结合起来，丰富奖励形式，调动学生的学习积极性，对评价标准进行明确，最大限度地挖掘学生的潜力，使其更好地成长。

(五)总结反馈,形成闭环

总结反馈工作也很重要。在课堂教学结束前,教师需要预留3 min左右的时间,来总结本节课的学习内容。借助智能教室系统,随机选择学生,让其与大家分享自己的收获,通过评价来了解每个小组的学习情况,及时进行总结,并给予奖励。这不仅能够检验学生的学习情况,而且还能对整个小组进行激励,激发学生的竞争意识,使他们能够积极参与到小组合作学习中,不断提高自己的学习效率。学生的学习情况反馈给教师,也能为教师教学策略的优化调整提供依据。

第三节 小学数学智慧课堂中学生合作的案例

一、"找规律"教学设计

参见表4-3-1。

表4-3-1 "找规律"教学设计

学习领域	数学领域		
主题名称	乱七八糟的魔女之城——找规律	教学对象	一年级
设计教学	××老师	教学时间	40 min
教学资源	数学绘本、TBL智慧教室（HiTeach系统、学生每人一支IRS即时反馈器）		
能力指标	能发现重复的规律，能用语言或符号来描述重复的规律		
教学目标	1. 通过观察、操作、交流等活动，发现图形中的一些简单重复排列的规律； 2. 培养学生数学符号化意识和简单的推理能力； 3. 在探究规律的过程中使学生感受到数学与生活的紧密联系，感受到规律能创造美，激发学生热爱数学的情感		
教学模式	教学流程（P、C）	时间	科技应用（T）	教学评量（P、C）
引发兴"趣"	一、听音乐，初步感受重复的规律 播放一段音乐，学生先认真听，后模仿，拍出节奏 板书课题《找规律》	2 min	视频播放	能认真倾听并模仿出节奏重复的规律

续表

教学模式	教学流程（P、C）	时间	科技应用（T）	教学评量（P、C）
"趣"味通关	二、在活动中，学会找图形重复排列的规律； 1. 科技助力，看见思考 师：请你找出一棵树，上面结着苹果、梨，钥匙就在树尖上； 生：做选择； 2. 学生操作，理解"有规律"； 师：公主该走哪条路呢？ 生抢答； 师：观察这条路，你发现了什么？ 生：这条路的颜色有规律	3 min 5 min	即问即答 ↓ 统计呈现 抢权回答	1. 能正确观察，并做出选择； 2. 不仅能用语言说出颜色重复的规律，还能用圈的形式来表示重复的规律； 3. 能进行简单的推理，能从不同的角度（颜色、形状）发现规律； 4. 能找出方向重复的规律，并能用简单的符号表示规律； 5. 能运用所学知识快速找出规律
合作生"趣"	师：谁来圈一圈颜色的规律； 生抢答； 师：把"红色、蓝色、白色"看成一组，这样一组一组不断在重复，说明这条路的颜色是有规律的； 3. 合作交流，训练逻辑思维； 师：这里有两块图案，放在符合规律的桥上，公主就能走过去，放错了的话，公主就会掉下去哦！给你们1min时间思考该选哪座桥； 生选择	10 min	即问即答 ↓ 统计呈现 组内差异 ↓ 组内分享 ↓ 二次选择 ↓ 全班分享 随机抽人 抢权回答 IRS即时反馈器 随机抽人	

122

续 表

教学模式	教学流程（P、C）	时间	科技应用（T）	教学评量（P、C）
合作生"趣"	师：给你们2 min的时间，各自向组员说说自己的想法，然后进行第二次选择； 生讨论； 师：我们是合作了的，肯定是每个人都能说，现在我随机抽人来分析你的想法； 生分享； 4．巩固练习，学会找规律； 师：谁能将猴子移回原来的位置？ 生移动； 师：谁来说说你发现的规律？ 生回答； 师：如果我用圆圈表示头向下的猴子，三角形表示头向上的猴子，你能接着完成吗？谁来说说这个图形的规律是什么？ 生抢答； 5.分层合作，提高效率要求： ① 看，看懂这四道题的意思； ② 选，选择一道你最喜欢的题作答； ③ 做，30 s内做完自己选的题；	5 min 10 min		

123

续 表

教学模式	教学流程（P、C）	时间	科技应用（T）	教学评量（P、C）
合作生"趣"	④ 讨论，做同一道题的学生组成一组，老师选定一个组长维持纪律，如果成员比较多，可再分组，1 min内核对答案，老师选择作品上传 ⑤ 分享，随机抽每组的一个学生来分享			
总结识"趣"	三、回顾课堂学习 1. 教师通过"挑人"，请学生回答今天学习到的内容； 2. 教师总结归纳。 四、欣赏规律美 边欣赏作品边讨论看到了什么规律。 五、公开表扬 公布团队合作成绩，颁发小组合作奖项	5 min	挑人分享 ↓ 共同归纳	能总结今天学到的规律知识

二、智慧课堂理念合作学习的过程

本节课主要进行了两次小组合作学习，第一次是小组成员以学习活动二为主要学习任务，互相讨论交流，探索问题的解决方法；第二次是探讨学习活动四。下面将详细介绍以智慧课程理念为支撑的教学活动的具体实施过程。

（一）任务驱动

在实施学习活动二学习任务的时候，主要学习内容为：把两个图案放置在规律桥上，如果放对，就可以成功过桥，如果放错，过桥的人就会掉下去。应该选择把哪个图案放上去呢？这个是小组探究活动的重中之重。对于学生而言，在找规律的时候，不能够单独地从某个角度来找，而是需要从颜色和形状两个维度探索变化规律。这对低段学生而言有较大的难度，选择小组合作方式学习比较合适。

学习活动四对学生提出的要求是在学习新知识后，能够根据自己的学习情况，随机选择一个挑战题，通过小组探索来解决全新的问题，找到问题解决方法。这项活动遵循了学生的学习认知和能力差异规律，能够激发学生的学习兴趣，让学生在合作交流中获得知识获取的成就感。

（二）合作方法

合法方法的确定也很重要。在小组组建工作完成后，需要根据学习活动任务四的特征及其难度大小，选择合作方法。每个小组的组长负责整个小组的学习，确定发言顺序，表达每个小组的观点，小组成员可以通过倾听来加深理解，组长则进行总结评价。这么做有利于增强学生的合作学习能力。

要明确学习活动四小组合作的任务特点，学生选择切块拼接的方式开展小组合作探究学习更加合适。教师需要尊重学生的学习主体地位，给予学生一定的选择权，让其选择与其自身能力相匹配的任务，通过小组成员之间的沟通交流来寻求合适的解决方案。小组内部之间的沟通交流活动结束后，还可以开展不同小组之间的沟通，全班学生在交流的过程中，实现对信息的有效整合利用。教师也能了解学生选择的情况，引导学生形成正确的思维模式，以达到更好的学习效果。

（三）技术支持

在完成学习活动二的学习任务的过程中，教师还需要提供一定的技术支持，其中就包含二次作答合作模式，主要服务于核心知识的教学工作。教师布置不同的任务，学生根据情况做出选择，最终把学习成果以及评价情况公布出来，激发学生二次作答的学习动力。

如果通过率不低于85%，就意味着学生在找规律问题的解决方面，掌握了一些基本方法，能够发现变化的规律。交流结束后，教师随机点名，要求学生分享学习思路和体会，增强学生的思维表达能力，如果还有学生不懂，教师可以进一步指导。

如果通过率在50%~85%，则说明至少有15%的学生没有理解找规律题目，不知道怎样找到变化规律。教师可以让学生组建小组，通过小组讨论来尝试推导规律，完成后再进行对比。这对学生思维能力训练有较大的帮助。

如果通过率低于50%，则说明大部分学生不知道该如何解决这类问题。在这种情况下，教师需要采取措施，合理引导，让学生理解什么是规律，接着通过举例子的方式，帮助学生学习找规律的基本方法，再通过题目训练来帮助学生巩固新知。

根据统计结果可以得知，学生通过率为77.5%，教师在教学中，会给2 min的时间，让学生进行讨论，并给出二次作答的结果。

对比分析两者选择结果的差异，二次作答中，选择正确答案的学生数量明显增加了，意味着小组合作的方法有效，能够帮助学生对找规律的方法进行理解和应用。教师随机挑选学生检查，判断其是否真正地掌握了此类问题的解决方法。

一次作答的答案有较大的差异性，说明学生思维差异显著，要想提高正确答案的选择率，就需要刺激学生的求知欲，通过小组合作学习的方式，形成强大的学习协同力。二次作答的时候，学生对知识点的理解进一步加深，对找规律的方法有大致了解，课堂教学效率也会随之提高。

在学习活动四的具体实施过程中，主要采用的是"差异推送"合作学习模式，也就是说，教师在学习资源推送中，会考虑到小组的学习能力，学生也可以根据自己的能力水平做出选择。明确任务后，可以先独立思考，再进行小组合作，以达到深度学习的效果。这样可以加强学生之间的沟通交流，保障学生的学习主体地位，实施差异化教学策略。

（四）教学效果

在以上两个教学活动实施过程中，核心知识、信息技术以及合作学习方式得到很好的关联，教学效果得到提升。

第一，学生的学习主体地位突出，学生自主学习能力得到提高。

第二，学生的小组合作意识得到增强，能够根据学习任务目标的属性和难度等级，选择合适的方式开展教学活动。合作学习和文本教学实现了有机结合，组长组织，小组成员讨论交流，有利于学生思维能力的提高。

第三，在合作交流的过程中，学生对所要学习的知识重难点内容有一个更加深刻的认知，能够了解寻找规律的方法，相互总结经验，从不同的角度思考，增强理解能力。

三、成效分析

（一）培养了学生的创新意识

教育活动的开展很重要，其是培养人才资源的关键。在新时代的背景下，要注重人才的培养，尤其要增强学生的创新意识，只有不断创新，才能够获取源源不断的发展能力。创新能力的形成与问题分析能力、问题解决能力的培养有密切联系。在小学教学活动的实施过程中，教师需要注重学生问题解决能力的培养。学生个体学习取得的成果有限，教师可以引导学生利用小组合作学习模式，充分发挥团队优势，表达自己的理解和看法，为问题解决提供新思路。学生的思维能力和创新意识能在交流碰撞中逐渐增强。

（二）锻炼了学生的沟通表达能力

在小组合作学习过程中，学生的沟通表达能力能够得到进一步增强。不同学生的学习能力不同，认知水平存在差异，看待问题的角度也不同。在小组合作中，每个成员都能大胆地表达自己的观点和看法，这为学生沟通表达能力的训练创造了条件。除此之外，学生也可以把自己学习上的困难和遇到的问题讲出来，向教师或者其他学生寻求帮助，这也能够锻炼学生的沟通能力。

（三）训练了学生的合作能力

本研究在小组组建的过程中，遵循了异质建组的原则，在划分的小组中，有学习能力强的学生，也有学习能力弱的学生。学生可以通过小组合作学习的方式，明白通过小组合作学习可以大大提高学习效率，从而增强合作意识。小组成员共享学习成果，寻求问题解决的方法，体会知识获取的乐趣和成就感，积极参与小组合作，发挥自身的优势，相互交流思想，为问题解决提供思路，在整个小组学习过程中，提高自身的合作能力。

（四）培养了学生的自主学习能力

小学生认知水平不高，注意力不易集中，上课容易分神，学习稳定性不高，自觉学习的意识不强。小组合作学习可以让每个学生都参与其中，调动学生的积极性，激发学生的求知欲，通过讨论来寻求问题解决方法。小组合作学习前，学生要形成自己的观点和看法，只有这样才能进一步展开组内成员的沟通交流。这在一定程度上增强了学生的自主学习能力。

（五）激发了学生的学习兴趣

小学阶段的学生具备一定的团体荣誉意识，在受到鼓励后，学习会更加积极。教师在实施课程教学的过程中，要具备较强的课堂组织能力。传统教学模式中，教师投入的精力较多，得到的效果却不佳。实施智慧课程后，通过小组合作学习，学生积极参与到小组讨论活动中，教师对每个小组的学习表现进行点评，这种形式的教学活动给学生带来了新鲜感，使其能够积极参与其中，通过竞争来为其所在的小组赢得荣誉。教师可以灵活地使用智慧教室系统评价加星功能，掌握学生的学习情况，及时对学生给予肯定和鼓励，让学生从学习中获得成就感，从而投入更多的精力在学习活动中，增强对学习的兴趣。

（六）提高了学生的信息素养

学生信息素养的提升有利用学生的全面发展，尤其在当今社会，信息的获取很关键，影响到一个行业、社会甚至国家的发展。具备良好的信息素养，可以及时、精准、快速地从海量信息中提取所需的重要信息，并对信息进行加工、处理和使用。对于学习者而言，需要注重自身信息素养的提升，尤其是信息获取、处理和表达的能力。在小组合作学习活动开展的过程中，要想达到良好的小组学习效果，就需要小组成员不断获取信息，对信息进行识别、分析和利用。除此之外，借助技术手段及时反馈学习成果，能使学生对全班学生的学习观点以及思路有直观的了解，教师也可以借此掌握学生的学习情况，为教学方案的调整提供依据。

第五章

基于数据驱动的小学数学精准教学实践

第一节　教育数据驱动下智慧课堂精准教学的优势

一、教育数据的概念和内涵

在互联网信息技术行业迅猛发展的今天，大数据技术实现了快速发展，在此背景下，大数据技术的运用越加普及。由于此项技术拥有的优势非常多，所以诸多研究者一致认为其能够为推动教育领域改革发展做出巨大的贡献。伴随大数据技术的不断运用和发展，学术界部分研究者已经将"大数据"的"大"字称谓放弃，利用简洁而又不失本意的"数据"来对"大数据"进行解释和定义，在这种情况下，"教育数据"应运而生，取代了"教育大数据"。

现如今，教育数据虽然受到教育领域诸多专家和学者的重视与关注，但是由于教育数据涉及的内容比较多，加之其较为复杂，所以当前关于"教育数据"的解释和定义尚未拥有标准的说法。部分研究者以特定目标为核心，从宽泛角度来对"教育数据"做出定义；而少数研究者则从某些数据集合角度来对"教育数据"的概念进行详细的阐述与分析。

美国的教育公司Knewton，以类别划分的方式将教育数据划分成两种形式，一种为涵盖学生基本信息的有关数据，譬如学生身份数据等；另一种则为能够帮助学生强化学习质量和学习效果的数据，如内容数据或学习交互数据等。章怡等在研究后表示，教育数据主要指的是以信息技术为核心，以教学环节涉及的各项教育大数据为基础，拥有教育特性类型的数据集。教育数据属于教和学两者在信息技术环境下的重要延伸品。徐鹏等认为教育数据拥有广义和狭义两种定义，以广义角度而言，教育数据是指由教育活动开展而延伸出的各项行为数据；以狭义角度而言，教育数据是指涵盖学习者在学习中表现出的行为数据。张洪孟等表示，教育数据是以互联网学习环境为基础，以学习者学习为导向而形成的相关数据，这些数据涉及种类比较多，比如学习内容或者是学习行为等数据。杨现民等表示，教育数据主要指的是能够为教育活动开展提供帮助，且能发挥出教育本质的作用和价值的相关数据。综上所述，研究者在研究时所选择的研究视角不同，给出的教育数据概念和定义也有着一定的差异。但值得注意的是，所有教育数据的解释均是建立在教育教学活动或者是教育管理等方面数据的基础上的，这些数据与教育发展有着非常紧密的联系。为了提高本次研究内容的说服力，需要按照层次将教育数据做出细分。目前，关于教育数据划分，美国教育领域下发的《通过教育数据挖掘和学习分析促进教与学》文件从八个不同领域对其做出了划分。某些学者在对教育数据进行划分时，主要是从采集主体来着手将其分为三个部分，一是教育机构数据；二是地方教育部门数据；三是教育部数据。杨现民等人从数据来源与数据范围等方面对教育数据进行划分，并提出教育数据的核心构成在于五个层面，即个体层、学校层、国家层、课程层以及区域层；按照数据结构来划分可以分为四大层面，即基础层、资源层、行为层、状态层。

  根据现有研究成果从宏观和微观角度来对教育数据进行划分，形成的基础教育数据类别主要有三种（见表5-1-1），即领域数据、管理数据和教学数据。

表5-1-1 关于基础教育数据有关的类别划分结果

层面	目标	主要数据
基础教育教学数据	发掘教育教学规律，提升教育教学质量，促进学习者的个人发展	个人信息数据、事件行为数据、学习对象数据、学习情境数据、学习结果数据、学习传感数据、学习策略数据、学生经历数据、教师行为数据、学科课程数据、学校班级数据、学习工具数据、社区交流数据、教学资源数据、培养计划数据、领域知识数据等
基础教育管理数据	提升教育教学质量与教育管理服务水平	机构基础数据、学籍学历数据、教学管理数据、招生就业数据、科研管理数据、行为日志数据、办公行政数据、设备资产数据、人事培训数据、财务经费数据、资助奖励数据、教育服务数据等
基础教育领域数据	制定宏观教育决策，提升教育治理水平，推动教育改革与发展	学生数据、教师数据、学校数据、教育行政数据、评估评价数据、宏观政策数据、社会经济数据、国外教育数据、互联网相关数据等

二、基础教育教学数据

在各项新兴技术如火如荼发展的今天，部分技术在基础教育领域的运用为教师与学生开展行之有效的教学活动创造了优质的环境。受到各类新兴技术的影响，与教育教学有关的学习管理系统和社交平台等应运而生，而这些平台和系统将教学行为中的各项复杂程度较高的数据进行了汇总与收集，并形成了一个既有师生交互数据，又有教学活动数据等涵盖诸多数据的完整基础教育数据集。利用数据集分析，一方面能够为研究者了解和掌握教师教学情况和学生学习情况提供帮助；另一方面能为完善教学系统、强化教学效果等提供重要的依据。从微观层面而言，教学数据能够充分反映学习者目前所呈现的学习行为，并能对学习者整个学习环节的各项情况进行及时的存储和分析，以便学习者掌握更好的学习方式，为实现个人良性发展提供保障；从宏观层面上而言，通过对教学数据进行分析，可以明晰教学规律，了解教学质量，发现教学价值。由此可见，针对教学数据做出深度分析，无论是对教师开展教学工作，还是对学生开展学习活动均有着非常大的实践意义和现实意义。

目前，部分研究者在研究后表示，基础教育教学数据有着四种不同的特性。第一，多样性。众所周知，由于教学行为在概念上具备一定的宽泛性，加之学习者不同，则呈现出的学习习惯或者是学习机制等也会有所不同，这样一来，在对教学行为进行归纳时，需要从多角度和全方位来着手。另外，教学软件或者是教学系统如若存在差异，那么所获得的各项教学活动数据同样具备一定的差异，这些差异决定了基础教育教学数据具有显著的多样性特性。第二，复杂性。教学行为并非指的是教学动作，而是涵盖了多种不同的生理活动或心理活动。然而，一些行为所受的影响因素较多，加之其内隐性较强，所以无论是思维活动还是创造力活动等表现出的复杂程度都较高。关于这方面内容研究较具有代表性的如阿罗约（Arroyo）等人在对教学行为数据进行获取时，从三个方面着手，一是面部特征识别；二是姿势分析；三是皮肤电化学反应，结合智能辅导系统，将课程难度融入其中，进而对学习结果做出相应的预测。拉乌（Rau）等人在对教学行为数据进行获取时，将眼球追踪技术运用其中，并依靠图形表示法来展示诊断认知与构建知识呈现出的特征。第三，劣构性。一些研究者所选择的研究对象是以教学活动实践环节涉及的各项原始数据集为核心来进行分析的，所以他们在对学习行为数据进行描述时，基本是围绕着图片或者是语音等内容开展的。本质上来讲，相较于结构化数据，这类数据集与之有着非常大的差异，究其根源是，一方面，无论是半结构化数据还是非结构化数据，在量化转换环节拥有的难度都非常高；另一方面，在数据整理和数据利用上同样具备较大的难度，且不能通过结束机器的方式来对数据信息做出挖掘和统计。第四，实时性。教学行为一般具备突发性和实时性，在这种情况下，要想获得准确的行为数据，就必须使软硬件协同配合作用与效果得到充分发挥。

帕多斯（Pardos）等人表示，以时间序列任务为核心，在教学行为数据获取时，如眼动数据或者是面部特征数据等，需要借助高频数字传感器来实现，但值得注意的是，在对部分特殊性高频数据进行取样时，粒度取样级别要精确到毫秒级。

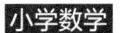

三、基础教育领域数据

作为教育数据的核心构成部分,基础教育领域数据主要涉及的数据为基础教育领域中的各项数据,按照数据类型可以划分为三种:一是业务数据,如教育教学数据等;二是评估评价数据;三是教育政策数据。这些数据既有基础教育涵盖的各项数据,又有文化或者是教育等多个领域中的数据。从应用目标角度而言,基础教育领域数据能够为国家制定行之有效的教育决策提供重要依据,同时还能为加快实现基础教育的改革提供帮助。在数据构成上,基础教育领域数据的涉及面非常广,常见的数据有学校数据和师生数据、宏观政策数据和教育行政数据等。

一般领域数据中所涵盖的各项非结构性类型的数据非常多,如政策数据等。由于诸多数据存储主要是利用文本方式进行,所以在未进行语义化分析处理时,这类数据展现出的利用率会非常低。另外,领域数据中所记录的数据基本为宏观政策,而将社会数据或者是文化数据等与之进行融合,并搭建出相应的模型,则能为基础教育决策工作的有效开展进行准确的模拟预测。

在互联网技术迅猛发展的今天,受到互联网延伸出的各项技术的影响,传统基础教育正在被逐步革新和转化,且师生间的教与学也在与互联网深度融合,在这种情况下,基础教育实践环节能够受到的互联网数据影响将会逐渐增多。阿尔斯特(Aalst)在研究时以谷歌学术等新时代新型互联网平台为基础,经研究后表示,这类平台的出现能够为教育领域的发展做出巨大贡献;互联网数据的获取渠道非常多,如游戏网站或者是社交平台等,这些数据的获取对于丰富基础教育数据源起到的作用不容小觑。

四、教育数据驱动下智慧课堂精准教学的优势

受到教育数据带来的有利影响,智慧课堂拥有的优势将会被充分发挥。在实际实践中,依靠智慧终端来对学生学习环节的各项数据进行采集和汇总,

一方面能够为教师备课提供帮助；另一方面还能让教师随时把控学生学习情况，为教师更好地转变教学方式，提高智慧课堂的教学质量和教学效率等奠定基础。另外，教育数据的出现消除了以往课堂教学依靠教师实战经验和注重"讲授"的弊端，不仅优化了课堂教学氛围和学习氛围，而且更能实现精准教学和个性化教学等。

（一）精准的课前学情分析

课堂学习环节中，学生才是最为主要的学习主体，而学生学情是否良好，很大程度上决定了学生学习情况和教师教学情况。为了让课前学习任务能够迎合学生学习需求，教师应当借助有效的方式来获取学生课前学情数据，并对这些获取的数据做出分析，进而制订出准确的课前学习任务。关于课前学情数据获取，首先，教师在首次获得学生学情后，要对学生学情进行分析，掌握学生反馈的各项信息；其次，按照学习任务来将学生进行划分，即为学习成绩非常好的学生制订以锻炼思维发展为核心的学习任务，而对于学习成绩比较差的学生，则需围绕着基础知识来制订课前学习任务；最后，在了解学生实际学情后，教师还需根据不同学生表现出的差异化学习个性，采取因材施教、因人而异的方式向学生提供符合其实际需求的学习资源或者是布置学习任务。另外，面对学生课前学习问题，教师可以围绕着这些问题来对备课任务做出优化和调整，整个过程完全能够借助大数据来实现，这样做不仅能够节省教师备课环节耗费的时间，而且更能确保备课内容的精准性和准确性。

陶行知先生表示受教者不同，则传教者采取的方式和方法也应当具备一定的差异，基于此，学生不同，学情不同，了解不同学生差异化学情的重要性不言而喻。教师只有精准把控课前学生学情，才能根据学生学情制订出科学化和合理化的备课方案，这样做对于提高学生学习效果、发挥课堂教学的最大作用等均有着极大的帮助。

（二）教学目标的精准制订

无论是教学内容评价还是教学流程预测等，均需要建立在教学目标标准基础上。只有明确了教学目标，才能让实际教学质量和效果得到进一步提高。

关于教学目标的制订，不仅要求教师具备丰富的知识储备，而且更要求教师结合学生课前学习情况来设置最为合理的学习目标。基于此，对学习者在课前表现出的学习行为或者是学习偏好等进行有效分析，是教师设置合理化教学目标的重要前提与基础。以精准教学为例，无论是数字化教学还是传统教学，其最终的目的都是利用课前测试题等方式来获取教学数据，完成教学目标。而将大数据技术灵活运用于智慧课堂中，可以为精准制订教学目标提供重要帮助。究其根源主要在于以下几点：一是大数据技术能够帮助教师了解学生当前的学习基础。所有教学目标设计基本是围绕着学生基础知识的掌握情况来着手的，而将智慧设备运用于智慧课堂中，能实现对学生学习环节的各项情况进行实时掌控和记录，这对教师了解学生真实的学习情况和学习偏好、制订精准的教学目标设计起着非常大的作用。二是运用大数据技术有助于搭建完整的知识网状图。智慧设备在对学生个人知识画像进行构建时，画像标签主要依靠知识树图来实现。在实际教学中，教师可以利用知识树图对相关知识点做出准确标识，以便为后续制订个性化和精准性的教学目标提供依据。

综上所述，只有将教学目标进行准确分层，结合学生实际情况来制订准确的教学目标，才能开展行之有效的因材施教活动，这对提高智慧课堂教学质量，以及教学目标的有序开展和顺利进展均有着极大的帮助。

（三）适切性学习活动设计

适切性事件是学习活动中常见的事件，其属于一种互动形式，这种互动形式能够对课堂的学习效果产生一定的影响。学习活动的设计主要来源于两个方面：一是对学生学情的动态把握；二是实现对教学形式的动态切换。在对课前学情进行调查的过程中发现，学生不能够对概念性的问题有一个全面的了解，在这种情况下，教师就会选择不同形式的讲授式教学活动，并通过学生课堂学习的反馈来对讲授的起点和着眼点做出适当的调整，让学生能够将新知识和旧知识更好地联系到一起，为同学构建出符合个人需求的知识框架。另外，在思维导图的帮助下，师生可以一起进行讨论，如果在调查的过程中，学生对相同的知识点存在不同的看法，此时教师就可以借助智慧课堂对学生进行分组，让学生能够通过小组的形式进行讨论，进一步理解其所学的知识。学生和学生之间的交流和沟通，能够加强学生之间的合作，促进学生共同进步。另外，智慧设备中提供的仿真小游戏，能够帮助学生对不同的知识进行探究，找出其中不懂的知识，并对其做出相应的验证，为学生的学习提供一定的帮助。

总而言之，学习活动设计的基础主要有两个：一是学生基础知识的掌握情况；二是对学生学习的倾向性有一个全面的了解。此外，还要及时地追踪学生的整个学习过程，结合学生学习的实际情况，对教学策略做出及时的调整，让现有的教学策略更能满足学生思维逻辑的发展，进而展开具有针对性的教学。

（四）学习评价的动态生成

对于一线教师而言，最难的就是如何在传统课堂中将学生的积极性调动起来，提高学生的参与度。当前，教师无法及时地关注学生课堂学习的表现，更不能及时地做出反馈，在这种情况下，学生的思维就无法跟上教师的思维，因此就无法取得很好的课堂效果。更别说追求生成性课堂，此时教师就不能及时地把握学生知识的掌握情况。当前的智慧课堂主要受到大数据的支持，充满了趣味性，不仅能够营造良好的课堂氛围，还能够将学生的求知欲和竞争意识充分地激发出来。教师可以在短期内借助"知识投票问答"的方式来对学生进行分组，让学生互相点评，找出各自的优势和不足。教师还可以收集学生课堂的联系数据，结合学生的实际情况对现有的教学策略做出调整，并借助智慧课堂对学生知识掌握的情况做出及时的反馈。

课堂反馈的及时性，能够让教师对学生思维的发展有一个全面的了解，及时地找出学生的优势和不足，并制订相应的措施进行干预和补救。师生课堂互动不仅能够体现出师生之间的思维交流，还能够体现出师生之间的共享关系。通过及时有效的互动，既能够实现师生之间信息的交流，又能够为二者之间的交互提供可能，在相互的影响中，实现二者之间的互补和共同进步。

（五）适应性资源精准支撑

智慧课堂的教学资源非常丰富，能够促进教师教学内容的重构。通常情况下，教材所提供的内容，都是教师课堂上经常使用的教学方式，但是无论是学术形式的数学知识，还是教育学角度的数学知识，都存在一定的差距。教师在教学的过程中，既要能够对科学严密性的知识进行转化，让其形成教育视角的形态知识，又要从教材内容的选择和呈现出发，对其进行再度创作，而创作的目的不仅是帮助学生把握基础知识，而且还应该对学生的认知特点等有一个全面的了解。

通常情况下，教师没有完成二度加工数学知识，使得当前的教学内容比较枯燥，长此以往，学生们就会失去学习数学的兴趣。要想学好数学知识，学生就必须亲身经历数学知识的形成过程，对数学知识的文化背景有一定的了解，在不断地探索中，合理地运用所学的数学知识解决相应的问题，以此来学会知识的迁移。智慧课堂的运用促进了教师的二度创作，此时在视频和仿真游戏的作用下，完成对教学的相关设计，同时进行组合编辑，不仅能够实现教学资源的开发，而且能够提升教学资源的适应性。

（六）个性化课后跟踪干预

多元智能理论指的是学生智能方面的差异和个人的发展潜力。教育的目的就是育人，因此在教育的过程中，首先要从人的角度出发。在这种情况下，教师必须时刻关注学生之间存在的差异，并以此为基础，对学生进行细致的了解，以促进学生的全面发展。

教师在进行传统教学的过程中，侧重于知识的传授，在一定程度上通过统一的标准来要求学生，而忽略了学生的实际情况；学生在学习的过程中，也积极地配合教师的这种教学方式，但是却忽略了个人的实际情况，被动地接受教师的教学，一定程度上浪费了优生的时间，还会降低学困生的学习积极性。从某种程度上来看，这种形式的教学方式，不仅阻碍了优生的发展，而且还在一定程度上降低了学生学习的积极性和学习效率。传统的大班制教学无法实现个性化教学，主要有两个方面的原因：一是大班制教学班级的人数众多，教师无法关注到每一个学生；二是传统的方式很难实现学习数据的收集，特别是还需要以收集的数据为基础，对学生的个人画像进行构建。

以大数据为背景开展的智慧课堂，不仅尊重学生的差异性，而且还重点关注其个性化特点，并在此基础上，站在学生的角度，对学生的学习数据进行相应的追踪和记录。在这种情况下，教师在进行教学的过程中，不仅能够通过直观的可视化报表对学生知识的掌握情况和学习路径进行分析，而且还能够通过学生学习的雷达图来展开相应的分析。只有这样，学生才能够根据自身的特点来制订符合自己需求的学习目标，教师才能将符合学生学习的资源推送给学生。智慧教育终端能够对学生的学习数据进行无限期的追踪，在这一过程中，教师也可以和学生进行及时的沟通，共同探讨学生学习中遇到的问题，结合每个学生的不同情况，来为其制订合适的教学方案，以此来提升学生的认知能力和自主学习能力。

第二节 精准教学设计的基本原则

一、精准教学设计的理论基础

(一) 人本主义学习理论

传统的教育方式阻碍了学生的个性化发展,而学校就像一台机器,专门生产统一的产品。受大班制教学的影响,无论是学校还是教师,都很难为学生的个性化发展提供一定的帮助。长此以往,学校会为社会输送符合标准的人才,也会淘汰一批学生。但是这些"人才"也并未达到国家的需求,其原因主要是当前的教学无法做到因材施教,而从本质来看,就是没有做到"以人为本",没有从儿童的角度出发来对儿童的成长进行关注。

精准教学以行为主义为基础,其目的是借助标准变速图表对学生行为的频率进行相应的记录,并根据相应的数据来制订正确的教育决策。但是从内在的角度来看,为了及时地调整教学策略就要及时地掌握学生的行为表现情况,既要实现学生的主体性发展,又要实现学生的个性化发展。马斯洛是美国的心理学家,其在研究中提出了人本主义学习理论,反对行为主义就是要通过研究动物的方式来对人类进行研究,重点突出人类特有的属性。而反对认知主义则要求人们要对人类的认知结构进行重点的关注,但是在这种情况下,往往会忽略人类的尊严和兴趣等,只强调学生所具有的发展潜力。所谓的教学就要站在学习者的角度,为学习者创设良好的学习环境和适应其学习的各种资源和方式。

精准教学得到了各种教育数据的支持，这种方式不仅面向全体，而且也面向个体，无论是教育数据的收集还是分析，都是为了对学生知识掌握的情况进行实时追踪。但是随着汇入的数据越来越多，学生所具有的特点也逐渐被凸显出来，在这种情况下，教师要从学生掌握的知识出发，对其进行相应的辅助，并为其提供能够满足其学习需求的各类资料，实现真正意义上的因材施教，让个性化教育能够最大限度地凸显出来，并通过长时间的追踪，对学生进行精准的画像，以此来提升学生的思维能力。成尚荣在《儿童立场》一书中指出，教育的过程中就是认知儿童和发现儿童的过程，因此在教育儿童的过程中，必须从儿童出发。

（二）布鲁姆"精熟/掌握学习"理论

在现有的教学中，人们关注的重点就是成绩，特别是学校，不仅借助成绩来衡量考题的难易程度，而且还借助成绩来体现教师的教学水平。假如学生的成绩分布呈现出偏态，就说明题目偏难或比较简单。当出现这种情况时，教师就会重点关注中上水平的学生，而忽略学习成绩较差的学生，情况严重时，他们会失去学习的信心。如果一直采用这种衡量标准，就会阻碍教师的自我能动性的发挥，从而对教师的专业性发展和学生的学习效果造成一定的影响。

影响学生学习成绩的因素既包含了学习时间，又包含了学习效率。布鲁姆提出了"精熟/掌握学习理论"，该理论指出，学生要花费足够的时间来完成学习，同时借助相应的教学模式来进行有效的学习，实现对教学知识的快速掌握。换而言之，学生只有拥有足够的学习时间，才能够更快地掌握学习内容，并对其进行消化。

利用信息化设备可以储存学生的学习数据，并保存其学习进度，方便每位学生下次继续学习未学完的课程。教师也可以通过分析学习数据来为学生提供有针对性的指导，实现有差异化的因材施教，提升学生的学习能力和水平。

（三）最近发展区理论

在传统的课堂教学中很难实现精准教学，因为大部分老师都非常重视学生对现有知识的掌握，并不会想方设法激发学生的潜能。苏联心理学家维果斯基曾提出"最近发展区"理论，他比较了学生现有的学习水平与潜在的发展水平之间的差距，并将这一差距形容为最近发展区。现有的学习水平指的是学生可以独立解决问题的能力，潜在的发展水平指的是通过老师或同学的帮助从而解决这些问题。教师需要找到学生之间存在的差距，为学生的学习提供科学合理的指导方案，提升每位学生的学习能力。

索耶教授的观点是学习者通过已经形成的知识结构来学习新的知识，在学习新知识时，需要由老师进行引导。由此可见，课堂教学对学生来说是非常重要的，教师应根据每位学生的学习起点设计出有效的教学方案。在开始进行课堂教学前，教师需要对每位学生做课堂测试的结果进行分析，再设计出新的教学方案，根据新课标上的要求，传授知识内容。学生在不断接受学习的过程中，主动学习能力和认识水平能力将会逐渐提升。利用先进的科学技术监测学生的学习数据，可以帮助教师及时改变教学方案，为学生的学习过程提供有效的指导。教师课后为学生布置学习任务，对学生学习任务的完成进度进行分类，在下一次布置学习任务时，让学习优秀的学生完成思维拓展训练题，学习有待进步的学生完成基础训练题，学生完成之后教师认真检查，为学习能力水平参差不齐的学生提供合理的学习方案，并解决学生在学习过程中遇到的问题。

二、精准教学设计的原则

智慧课堂可对学生提供精准教学，搜索学生相关的学习数据，老师通过分析这些数据并制订出有效的教学方案。智慧课堂为教师的教学方式提供了更多的选择，有利于教师精准地把握每一位学生的学习情况，刺激学生学习的积极性。搭建智慧课堂需要使用多种智慧设备，教师在课堂教学中应坚持以学生为中心，发挥学生在课堂中的主体作用。通过学习数据，教师可以展开精准教学的教学方式。智慧平台反映出的教学数据虽然可以帮助教师进行有效的教学，但是在课堂上最重要的依然是教师的教育智慧，智慧教学的特性是可以及时反馈出学习数据，教师可以通过观察这些数据来引导学生的学习，为学生提供有效的帮助。因此，本书在研究过程中根据这一理论和智慧课堂具备的特点，设计出在智慧课堂的教学背景下应该遵循的教育规则，即坚持在课堂上以学生为主体、教师参与辅助教学和及时干预。

（一）主体性原则

《义务教育数学课程标准（2022年版）》指出学习中学生占据主导地位，教师不论提出怎样的教育理念，首先需要遵循的就是以学生为中心，教师负责辅助学生的学习，努力提升学生的自主学习性和学习能力水平，促进学生的全面发展。学生作为教育的主体，也应当发挥自己的想象力和创造力，主动思考在学习中遇到的问题。

对学生实施精准教学是为了提升每一位学生的学习能力和水平，在教学过程中学生是主体，是教育的中心，遵循这一教育规则，不仅可以激发学生的自主学习性，也可以使教育发挥出最大的价值。教师借助智能化的设备，将学生的学习过程进行备案，采集所有与学习相关的数据进行分析，教师可以全面掌握每一个学生对这些学科的学习情况，并因材施教，设计出符合每位学生的教学活动，引导学生主动思考。以往在进行教学评价时，通常会通过学生的考试成绩，也会参考教师在课堂上的表现，这种评价方式比较单一，无法对学生和教师进行有效的激励。而利用数据驱动搭建的智慧课堂，能够记录学生的学习进度与其在课堂上和教师进行的互动，便于每一位教师更好地了解学生，分析每位学生在学习过程中无法进步的原因，通过刺激学生自主学习和教师参与辅导教学的方式来提升学生的学习能力。

（二）辅助性原则

辅助性原则是指教师要明确数据驱动下的智慧课堂精准教学是基于技术平台采集、整理、分析学生的学习数据，教师根据这些数据制订适合学生的学习方案。

学生在学习时和在课堂上产生的学习数据，教师经过全面系统的分析后，正确利用这些数据，发现数据背后蕴含的价值，准确把握每一位学生的学习情况，为每位学生制订合理的学习方案。教师通过观察数据可以看出学生的学习习惯和思考问题的思维能力，对不正确的学习方式和学习态度加以引导、进行纠正，站在学生的角度，为学生思考解决问题提供帮助。

（三）及时干预原则

学生在课堂上与教师进行互动的过程可以通过大数据反映出来。教师可以通过分析这些数据，及时掌握学生的学习情况，在课后找到学生进行沟通交流，这一过程被称为及时干预。利用大数据，教师可以及时发现学生产生的问题，在问题还没有恶化之前解决这些问题，可以使学生在学习过程中有更好的学习体验，也可以拉近师生之间的关系。教师可以随时随地利用智慧课堂查看学生学业的完成进度，并为学生推送相关的教学资源，对学生的作业进行批改后，再推送给学生，学生及时改进作业中的错误并反馈给教师。

大数据可以将学生的学习情况全面地记录下来，这个过程是一项持续的、动态的过程。通过观察这些数据，教师可以看到学生学习过程中存在的问题以及潜在的问题，并制订合理的教学方案，并找到适当的干预时机，对学生的学习进行指导。尤其是班级里存在学习困难的学生，他们在学习过程中遇到的问题通常会累积起来，对所学习过的知识没有完整的知识架构，因此在后续接受教师教学过程中无法学习到新的知识。学生将在学习过程中产生的困惑遗留下来，并不利于以后的学习，对于学生来说会造成严重的学习压力和心理负担。而对于教师来说，如果不能从根本上解决这些问题，将会使教学事倍功半。

第三节 小学数学智慧课堂精准教学流程设计

在传统的课堂教学中，教师需要进行备课，在课堂上根据教材讲述相关内容，为学生布置课后作业，收集学生的作业并进行批改和分析。学生在上课时间听课和完成作业，教师不会给学生留出预习的时间，教师与学生在每一节课堂中呈现出较机械化的状态。

本节通过研究智慧课堂的模式，并根据目前新课标对小学课堂的要求，适当改变小学的智慧课堂教学流程，并依据学生的学习能力制订出有效的教学方案，最后分析教学方案的实施成果。

本节研究了精准教学的课堂理论，并坚持将智慧课堂引入教师的教学之中，对教师的教学流程进行完善，并表示教师应在课前、课中和课后对学生的学习进行指导，在课前根据教材的要求进行备课；课中与学生进行有效的互动；课后找到学习较困难的学生对其进行针对性的辅导，并对这节课上讲述的内容进行总结和反思，在下节课堂上及时改进。

一、课前——学情诊断、精准备课

教师备课时一定要了解教材中的内容，根据教材上对学生的学习要求制订教学方案，可以画出思维导图，帮助其理解教材中的知识点。根据最近发展区理论，可以在智慧平台的资源库里找到与教材内容相近的题目，当这节课结束以后，将这些题目推送给学生，指导学生完成这些试题，系统可以自动批阅这些试题，老师可以通过平台查看学生对学习内容的掌握情况。在上课前给学生一些时间进行预习，教师利用课余时间录制相关的学习视频，帮助学生理解书中较难的内容。

教师分析课前学情时需参考学习数据，备课和制订教学目标的前提是了解学生的学习数据，挑出教材中的重难点，并制订出有效的学习方案，帮助学生学习。教师通过分析学习数据，可以掌握各个阶段学生的学情，也能看到全班学生暴露出的问题，可以采用情境创设和问题研讨等方法，及时解决学生产生的学习问题，激发学生的学习积极性。

"二次备课"是对已有的教学计划进行再调整，其对强化教学质量、提高教学效率能够起到非常大的作用和效果。奥苏泊尔是教育领域非常有名心理学者，其认为有意义的教学必须建立在学生原来的认识上，这符合新课改所倡导的"以人为中心"的理念；要想让教育变得高效，就必须充分掌握学生学情，明晰教学方式，万不可盲目开展教学活动。而随着信息化技术在教育领域中的普及运用，智慧课堂为教师准确掌握学生学情提供了帮助，且为教师进行行之有效的"二次备课"创造了有利的条件。

二、课中——师生互动、实时干预

在大数据技术的帮助下，智慧课堂在对学生学习环节的各项数据进行获取时，能够以不同的信息手段来实现。譬如：获取学生互动行为数据或访问信息数据等。依靠学生分析模型来对这些获取到的数据进行分析，可以通过可视化图形真实反映学生的学习状态，这无论是对教师开展精准评价活动，还是对教师开展精准互动活动等，均有着非常大的帮助。

一方面，受到大数据技术带来的有利影响，智能化学习终端拥有的功能将会更加丰富，如抢答功能、提问功能等。而在这些功能的加持下，学生的学习兴趣将会得到大幅度的提升；然而，值得注意的是，为了更好地调动学生潜在求知欲和学习热情，教师需要根据学习任务或课堂教学情况等，采取合理的方式选择最为恰当的功能。另一方面，课堂练习数据有着非常明显的可视化特性，而这种特性能够让教师和学生直观了解到教与学的实际效果，能为解决个性化问题、实现课堂高效互动等提供非常大的帮助；同时，课堂数据所具备的动态化数据还能帮助教师分析学生学情和对相关知识展现出认知程度，这对强化学生知识认知深度、制订科学化的干预问题发挥出的作用同样不容小觑。

作为教学活动开启的重要主体，课堂氛围不仅能够对教师教学效果产生一定的影响，更会影响到学生学习效果。夏丏尊表示："教育之没有情感，没有爱，如同池塘没有水一样。没有水，就不能称其为池塘。没有爱，也就没有教育。"在大数据技术的帮助下，智慧课堂中无论是生生互动，还是师生互动，总体的频率会大幅度增加，而教师根据学生互动情况和互动反馈出的结果分析，可以最大限度地优化和调整互动方式，这有助于强化师生关系，增进师生情感。

三、课后——深度反思、个性辅导

在为学生制订科学化的作业布置方案时，教师要对学生在学习环节的个人知识图谱做出深度分析，并观察和了解学生在课堂学习上的情况，对学生知识形成环节遇到的各类问题和学生数学思维等进行充分分析，进而为学生推送精准的相应知识点题目。以智慧设备为例，其所制订出的各项习题具备非常明显的"攻克"功能，换而言之，其将游戏中的闯关模式运用到习题编制上，利用这种方式来调动学生在处理习题问题时的挑战意识，锻炼其处理问题的能力和技巧。从作业布置角度而言，课后作业布置需注重个性化和分层化等要求，这样做的目的在于，一方面，借助有效的作业布置方式来强化学生对各项知识的掌握情况；另一方面，在思维层面上帮助学生与教师进行记忆交流，有利于增加师生情感体验，提高实际教学质量与教学效果。

传统教育教学环节中，教师反思完全凭借教学回忆或者是教参资料等来实现，这种反思虽然能够起到一定的效果，但是，反思具备的模糊性与延时性等特性非常显著。而智慧课堂有网络数据背景提供支撑，所记录的各项数据较为全面，依靠这些数据来进行反思，能够极大地提高教师课后反思效果。譬如：在了解学生真实的学情时，教师可以对学生学情报告数据做出分析，结合分析来掌握学生的学情，以便为后续开展教学方式的调整提供支撑。从学生角度出发，教师针对学情报告进行分析，能够帮助学生了解自身的优势和不足，且有助于学生调整自身的学习方式，制订更加有效的学习路径。

　　学生的性格特点和学习偏好会有着一定的差异，而教师如若可以尊重这种差异，采取因人而异的方式来开展有效的教学活动，则能最大限度地提高实际教学质量，帮助学生丰富知识储备，掌握更多更有用的知识技能。

第四节　小学数学智慧课堂精准教学课例设计

一、《可能性》新授课设计

（一）课例设计

1. 实施对象

×市×小学五年级（7）班学生。

2. 设计目的

本案例主要针对数学课《可能性》进行教学，借助电子平板对学生学习数据的记录，辅助教师展开学情的动态分析，精准设计教学方案并及时调整教学策略，促使学生在微课资源和游戏仿真模拟中经历、判断和设计游戏规则的公平性，初步感受事件的确定性与不确定性，认识和判断事件等的可能性，初步感受事件可能性的大小。

3. 学生及学习内容分析

五年级学生在初步感受随机事件的基础上已经能够对随机事件所有可能发生的结果进行简单的罗列。但是学生对随机事件的感受，会受到各自的学习基础以及生活经验的影响而有所差异。在常态化的教学中，课堂不允许有充分的时间进行游戏环节的操作，学生的领悟程度和学习程度因人而异，差异性明显，有些同学还是不能够明白如何判断随机事件可能性的大小。因此本案例利用平台的游戏仿真、微课讲解以及知识试题的检验来帮助学生进一步达到此课时的要求。

（二）课例呈现

《可能性》第一课时教学

【教学内容分析】

本课是《可能性》第一课时的教学，需要学生在初步感受随机现象中数据随机性的基础上进一步感受可能性是有大有小的，同时，通过游戏活动，体验并判断事件发生等的可能性，并能设计简单、公平的游戏规则。

【学情分析】

学生在四年级上学期时已经学习了简单的随机现象，初步感受了可能性有大有小，并能列出简单随机现象中所有可能发生的结果。这部分内容的学习需要学生有一定的生活积累，通过数学与生活的联系，才能更好地掌握这部分知识。此外，概率这部分内容的学习，需要教师为学生创设游戏情境，使学生在大量的观察、猜测、实验以及思考与交流活动中，逐步感受并理解随机现象以及可能性的大小，经历知识的形成过程，并能学以致用，具备一定的迁移能力。

【教学目标】

（1）使学生初步体验事件发生的随机性，体会确定性与不确定性，并结合"一定""不可能""可能"等词语来描述随机事件发生的可能性。

（2）使学生能够列出简单事件中所有的可能性结果。

（3）使学生能够判断出游戏规则的公平性并设计简单的游戏规则。

（4）引导学生在讨论与合作交流中，体验数学与生活的联系，提升数学学习兴趣，同时培养良好的合作学习习惯。

设计意图：这是本课时的预设目标，随后要根据课前试题的检测以及学情报表来确定具体的教学目标。

【教学过程】

（1）创设游戏场景，引入新课。

教师就"谁先走"的问题情境，提出疑问，让学生展开讨论。

设计意图：根据课前测试题的数据分析，预设学生解决问题的难点在于"游戏规则公平性"的判断。故创设问题情境，抛出疑问，引起学生对规则公平性的讨论。

（2）主动探究，分析规则的公平性。

预设学生的难点集中在"投骰子"中游戏规则公平性的设计问题，引发学生再度讨论。

设计意图：根据投票的结果，将学生分成小组，让学生对骰子的构造以及抛掷的随机性结果进行小组探讨。

（3）教师展示"骰子"视频动画空间图，引导学生进一步理解规则的公平性；播放"骰子"视频动画，帮助学生进一步理解投掷的可能性有哪些。

设计意图：可以根据骰子出现的结果的可能性，增强对游戏规则公平性的判断。

（4）利用仿真游戏，进行游戏公平性方案的设计。

把2红2白4个球放入袋中，摇匀后，摸到红色小明先走，摸到白色小华先走。

设计意图：通过"题板发送"的形式，让学生利用仿真游戏，动手操作，记录数据，并进行小组交流。

（5）课堂练习检测。

教师根据学生课前以及在课中出现的问题，进行课堂练习的设置，并通过学生的课堂练习效果来检测学生的掌握情况。

设计意图：借助平台的数据记录功能，根据学生回答的正误率来判断学生的掌握情况，并对个别错误率高的案例进行集体讲解。

【课后反思和作业】

（1）教师根据课堂练习题的数据报表，进行教学反思。

（2）根据错题率排序，筛选出做题错误率较高的同学，进行支架性资源的推送，同时再辅以有层次逻辑的习题进行效果检验。

《可能性》第二课时教学

【教学内容分析】

本课是《可能性》第二课时的教学，学生在第一课时中已经能够感受到随机现象发生的可能性有大有小，且在与同伴交流中能够对简单随机现象发生可能性大小进行定性描述。本节课是根据摸球实验来推测盒子中哪种颜色的球多或者少，在实践验证中，进一步体会随机事件发生的统计规律性。

【学情分析】

通过上节课的学习，学生已经具备了判断事件可能性大小的能力，且能够对游戏规则的公平性进行判断，同时设计出简单公平的游戏。此外，学生能够在预先知道可能性大小的前提下，对盒子中各种颜色的球的个数进行设计。然而，本节课需要在逆向思维的基础上领悟利用"摸球游戏"进行事件可能性大小的探究，同时，需要学生理解小样本实验结果具有随机性，而大量重复性实验的统计结果才具有规律性，这两点对于学生而言，还是有一定的难度的。

【教学目标】

（1）引导学生了解事件发生的可能性大小与物体的数量有关，进一步体会事件发生的随机性。

（2）引导学生在小组的摸球小游戏中，再次感受事件发生的不确定性。

（3）引导学生经历数据的收集、整理以及分析过程，能够根据实验的统计结果进行推断和推测，发展学生的数据分析观念。

（4）培养学生的数学猜测和探索精神以及团队协作能力。

【教学过程】

（1）创设情境，提出问题。

教师出示情境：盒子里既有白球又有红球，让学生们猜测哪个颜色的球多。学生是如何知道盒子里红球多还是白球多的？

设计意图：通过抢答环节，调动同学们的思考积极性，小组派代表进行回答。

（2）小组合作摸球实验。

教师通过平板将学生分组，进行摸球实验。

设计意图：教师根据上一节课中学生的表现记录作为小组分组的依据，搭配成异质分组，进行小组实验。

（3）小组汇报。

教师在大屏幕上展示学生的完成进度，并选择小组进行汇报。

设计意图：利用实验完成进度条，督促学生完成摸球实验，同时利用大屏幕的投放功能和数据自动记录功能，辅助学生进行随机数据规律的分析。

（4）当堂作业检测。

教师利用平板的书写功能投放作业进行课堂测验，同时发给学生引导其进行互评。

设计意图：学生在平板上答题、互评，数据便会自动存入学生的个人表现中。

【课后作业布置和反思】

（1）教师就学生课堂表现结合课堂数据记录进行反思。

（2）教师将学生的出错题目列为"未攻克"，同时为学生推送相应的微视频进行薄弱知识的讲解。

二、《因数和倍数》复习课设计

（一）课例设计

1. 实施对象

×市×小学五年级（7）班学生。

2. 设计目的

本案例借助"云纸笔"智慧书写板的辅助来完成数学课《因数和倍数》

复习课的教学，目的是通过智慧课堂设备特有的即时反馈效果来检查学生知识的掌握情况，同时辅助教师迅速摸清全班学生的知识掌握水平，帮助学生理解难点问题，提高复习的效率。

3. 学生及学习内容分析

学生已经完成了《因数和倍数》整个单元的学习，基本掌握了数字2、数字3、数字5的倍数的特征，同时对质数和合数有了一定的认识。但是在日常作业中，学生从初步的找倍数、找因数到根据质数与因数来解决实际问题等均有错误，说明学生对于这个单元的学习处于水平参差不齐的状态，教师在传统课堂教学下，通过学生的日常课堂表现，很难发现具体问题。因此，选择将这个单元作为复习课的课例。此外，常态课的复习一般很难调动学生的积极性，教师在台上卖力地讲，学生在台下昏昏欲睡，复习课比新授课更有难度，故本案例想要借助智慧"云纸笔"平台，通过对学生基础知识的把握和检验，过渡到对复习重难点的监测，从而有针对性地以多样化的形式带领学生复习。

（二）课例呈现

《因数和倍数》单元的复习课

【教学内容分析】

本节课是《因数和倍数》的复习课课例，学生已经经历了倍数、因数的探索过程，且已经对质数、合数以及偶数和奇数有了一定的认识，在学习过程中也逐步形成了观察、分析、归纳和猜想、验证等探索方法。这部分内容是在学生认识自然数的基础上进行的，同时需要为以后学习约分、通分以及分数的四则混合运算打下一定的基础。本单元的复习重点是对所学知识的综合梳理，能够将本单元所学知识进行梳理，形成思维导图，并且检验学生对于倍数、因数以及质数、合数的概念理解，以及学生是否对2、3、5的倍数的特征熟练掌握，此外，进一步检验学生是否能将本单元的知识迁移运用到具体的问题解决情境中，同时阐明理由。

【学情分析】

学生已经基本掌握了找因数、倍数的方法,也能对诸如质数、合数以及奇数、偶数的概念和特征有一定的了解。但是基于对学生家庭作业的检查发现,学生经常会"找不全""找错位"以及不理解如何运用因数与倍数进行具体问题的解决。

【教学目标】

(1)引导学生归纳整理有关"因数和倍数"的概念联系图,理解概念间的联系,并能绘制知识结构图。

(2)引导学生经历知识的回顾与整理,查漏补缺,形成一定分析、判断、概括等逻辑思维能力。

(3)借助"云纸笔"手写板,提升复习的良好氛围,形成师生、生生互动,以及交流合作的良好效果。

(4)根据课堂练习数据报表,有针对性地进行个别辅导以及智能化资源的推送,确保学生对本单元的整体学习效果。

【教学过程】

(1)回顾知识,梳理思路。

教师就本单元的知识进行梳理和回顾,放手学生绘制知识结构图。

设计意图:促使学生进行知识的自我重构,在手写板上绘制知识之间的联系图,理清本单元的知识架构。

(2)经典错题当堂演练,即时反馈调整思路。

教师出示训练题目,学生通过智慧设备的按键以及手写功能作答。

设计意图:根据设备的即时反馈功能,教师定位学生错误原因,及时采取多元化的教学方法,或讨论,或分组,或案例分析,进行思维的深度交流。

(3)解题过程动态展示,生生互评。

教师利用手写展示以及同屏对比功能,让生生之间进行交流。

设计意图:利用笔迹动态跟踪和同屏对比功能,采取生生互评。

【课后作业】

针对课堂练习的数据报表，进行个性化作业的布置。

三、研究结论

智慧课堂的出现为教师制订行之有效的教学决策活动奠定了牢固的根基。由于智慧课堂运用到的各类智慧设备能够对学生学习数据和教师教学数据进行有效的采集和汇总，所以在这些数据的支撑下，教师无论是情境创设，还是开展仿真实验等均有着极大的便利性。

（一）多角度情境创设提升学生学习兴趣

作为数学知识与数学内容记录的重要载体，数学课本呈现出的知识面往往比较固定，且未对知识形成情况给予相应的解释，在这种情况下，教师一味采取传统照本宣科的方式来开展教学活动，显然不能够满足实际的教学需求。而智慧课堂的出现，一方面丰富了数学资源，另一方面能有效记录学生在数学学习环节的各项数据信息，如偏好数据或者是兴趣数据等，这些数据在教师多角度创设情境教学、提高学生在求学环节的兴趣等方面可以提供一定的帮助。

（二）学习数据分析促进学生学习效果提升

经对比分析学生测试成绩后得知，相对比传统测试方式，智慧课堂测试所得结果显示学生对于各项基础知识的掌握情况非常好。究其根源主要在于智慧课堂拥有多重优势，首先，智慧课堂可以将教学知识进行细化，并形成完整的知识点细目表，在测试环节，教师根据此能够自行设计出最适宜学生的测试题项；其次，智慧课堂记录的各项学生学情数据和学习数据有利于教师把控学生真实的情况，了解学生遇到的问题，设计行之有效的教学活动，如小组对抗活动、小组合作活动等；最后，结合学习数据的分析结果来优化和调整教学策略，以便达到强化学生知识点掌握能力、提高实际教学效果和质量的目的。

（三）多元互动功能促进师生及生生有效互动

在学生思维锻炼上，良好的课堂互动功能所起到的作用不容小觑。诸多实践证明，智慧课堂拥有的多元化互动功能非常多，如分组对抗功能、抢答功能等，这些功能，既能调节学生课堂学习氛围，又能调动学生在学习环节的求知欲和热情。另外，在实际运用中，系统能够自动记录学生对问题的抢答情况和回答情况，面对抢答频率较少的学生，系统所提供的数据能够为教师的主动提问提供帮助，这对提升学生抢答频率、形成良好的互动局面有着一定帮助。与传统课堂相对比，智慧课堂最大的优势在于可以帮助教师掌握和调整师生互动情况，且有利于学生了解自身优势与不足，学会取长补短。

（四）课堂动态学习数据提高课堂练习反馈效率

传统课堂教学中，课程练习的检测结果准确性和可信度比较低，这使得教师难以把握学生真实情况，从而影响课堂练习最终的作用和效果。因此，只有精准把控课堂练习情况，才能准确反映学生真实的练习效果。以传统课堂为例，在传统课堂练习环节，教师在对学生练习效果进行检测时，采取的主要方式是让完成练习学习的学生举手示意，这种方式虽然能够帮助教师了解学生练习完成度，但是不能使教师了解学生课堂练习的准确率。而智慧课堂不仅能让教师实时了解学生课堂练习的情况，而且能让教师精准把控学生练习反馈结果，这对提高学生课堂练习质量、强化练习反馈效率等均非常有益。

（五）学生个人知识画像助力针对性作业生成

智慧课堂可以根据学生的个人情况，准确描绘出相应的个人知识画像，而教师通过对学生个人知识画像做出深度分析，便能为后续开展行之有效的课后辅导工作提供帮助；以传统教学为例，无论是大班授课，还是作业布置，由于统一性过于明显，所以难以迎合不同学生差异化的需求，且对学生个性化发展带来了一定的影响。这种情况如若不能得到妥善处理，则必然会导致"学习两极分化"现象的出现，严重的更会影响到学生的求知欲和学习兴趣。而智慧课堂所搭建出的智慧平台能够将学生所学习的知识点做出明确标识，既能让学生了解自身对知识的获取情况，又能让教师以直观的方式看出每位学生对于基础知识的掌握情况，且对教师布置个性化和针对性的训练题项、开展更具有科学化的课后辅导工作也有着极大的帮助。

四、研究建议

笔者根据自身的实践经验，结合智慧设备在实际运用中的真实情况，围绕学生知识测评提出以下几点建议和意见。

（一）精准教学测量维度

目前诸多教师在精准教学环节评价与分析学生学情时，主要是从两方面来着手，一是习题完成度，二是习题准确率。这种方式所获得的测试结果虽然可以帮助教师了解学生学情，但是，其准确率相对较低。基于此，要想利用有效的试题来反映学生真实的学习情况，就要求教师要将课程教材内容和课程标准进行汇总，并搭建出完整的知识点树状图，结合树状图反映出的实际情况来编制准确的测试题。利用知识点树状图，不仅可以将所有知识点进行串联，形成完整的知识网状图，而且更能以直观的方式展现不同知识点的难易程度。

以"小学数学知识点细目标"为例，笔者在对其进行分析后发现，其主要是由"优学派"企业根据小学数学学习环节的相关知识点所搭建出的固定知识部分。基于此，在对课前测题目进行编制的环节，教师仅需以"按照章节排序"或"知识点排序"的方式来选择对应选项，就能在短时间内筛选到所需内容。而自行编制题目时，教师可以根据题目标签来获得相应的知识点，这些知识点本质上可以归纳至公共知识点范畴，可以为教师自行编制题目提供有价值的参考。然而，值得注意的是，这些知识点是否能够满足教师当前的教学需求，是否具备有效性和时效性，依然是一个值得深思的重要问题。

基于此，在将上述问题进行解决时，笔者建议，学校可以将自身的教学现状进行汇总和整理，以书面形式提交给企业，而企业则可以根据学校教学要求，利用可行性的技术来解决现有的问题。譬如：针对"公共知识点"出现的适用性较差问题，新增以"××学校教学知识点专题"等模块。这种方式，既能解决知识点适用性差的问题，又能迎合不同教师差异化的教学需求。另外，还需注意的是小学数学知识点的编制，若依年级而定，就会产生知识的孤立和碎片化，若从全局而论，最好是建立知识的螺旋向上、相互关联的知识网络。

因此，一方面，要根据各年级的教材涵盖的知识点来进行编排，以便于教学；另一方面，要制订完整的数学知识结构图。而学校要立足于教育的实质，围绕着学科核心素养，以素质教育为主线，以学生为主体，以教师为主导，采纳师生提出的意见和建议，建构适合学生学习的数学知识结构，以此来为科学分析学生当前的学习状况、获取有效的学情资料奠定良好的基础。

（二）推进学生个性化发展

个性化学习主要指的是以学生为主体，根据学生内在需求，因地制宜和因人而异来制订符合学生发展，且具有弹性和有针对性类型的教学方式与教学内容。另外，在面对学习问题时，学习者应当自主形成完整的互动共同体，就学习问题展开深度讨论与分析，这不仅有助于培养学习者良好的自主学习能力，而且能让学习者养成正确的学习习惯。以大数据为核心搭建出的智慧教学平台所具备的优势在于能够获取学生在学习环节的所有数据，如互动数据、认知技能数据等。

以笔者所在实习学校为例，该校目前搭建出的智慧平台在描绘"学生画像"时，主要从三个维度来着手，一是作业成绩；二是教师表扬；三是作业完成时间。同时，学校还会从知识点和试题两者的匹配程度来着手对学生学习环节的各项数据做出有效采集和汇总。从某种意义上而言，这种描绘"学生画像"的方式虽然比较笼统，但是，学生知识点的吸收程度和把握程度依然可以在认知层面上得到充分反映。为了让学生实现真正意义上的个性化学习，笔者建议，第一，教师在为学生设置学习问题时，可从学生在课堂上的前后中三个阶段中遇到的各类问题着手，通过设置问题来达到让学生"再次学习"的目的；第二，将学生个人和所有学生呈现出的学情进行融合，以学生问题为主导，根据不同学生差异化情况来分发适合不同学生学习的测试题或学习资源。

在学生个性化发展上，教师不仅要注重对知识技能性数据的分析，而且更要注重学生间的差异化学习偏好与学习个性，只有做到因人而异和因材施教，才能满足不同学生在求学阶段提出的个性化学习需求。

(三)教学反思数据化

经对《教育信息化2.0行动计划》解读后得知,此文件要求,新时代背景下,教育事业应当和信息技术进行有效的融合,依靠信息技术来为教育事业实现信息化发展提供帮助。波斯纳是美国历史上著名的心理学家,他在研究后率先提出了学术界有名的"教师成长公式":教师成长=经验+反思,即教师成长主要是由教师经验和教师反思两者进行相加后得到的。他指出,应持续推动信息技术与教育深度融合,促进教育信息化从融合应用向创新发展的高阶演进。众所周知,教师成长需建立在反思的基础上,而智慧课堂则能将信息和智能等相关新兴技术和教育工作进行融合,并从课堂教学前中后三个阶段获得全方位的教学数据,以此来为教师更好地进行课后反思、总结课堂教学经验与成果等提供帮助。

另外,对学生在课堂学习前和学习过程中的知识掌握情况进行充分分析,有助于教师从多方面对教学行为进行反思。例如:反思学生在课前学习中是否出现了知识欠缺问题;反思课中学习环节自身的教学方式是否缺乏针对性;反思学生能否"吃透"教学内容;等等。相较于传统课堂比较常见的"回忆式"反思,智慧课堂教师反思主要是建立在学生学习数据上的。

综上所述,在智慧课堂背景下,教师只有灵活运用信息技术,不断强化数据分析环节的各项能力,才能为开展个性化和针对性教学活动提供强有力的支撑。

第六章

基于电子书包的小学数学智慧课堂教学实践

第一节　小学数学智慧生成的教学策略

一、智慧生成内涵解析

要想培养出智慧型人才，就要注重智慧生成，随着专家和学者对教师的研究逐渐深入化和全面化，学界也渐渐开始关注智慧生成。针对如何有效提升教师教育智慧水平，促进其智慧生成，学者郭元祥从三个方面进行了探析，即知识管理、教育理解和机智。为了对智慧生成的本源进行探究，吴晓玲完成了形而上学思维的构建，她指出观念和机理的思维过程可以通过行动中的思维来进行洞察。不难看出，智慧生成的影响因素有很多，内部因素包括个人的学识、心理等，外部因素包括环境、经验等。因此，基于教师智慧实现学生智慧的催生，成为智慧教育不得不思考的问题。祝智庭首先完成了智慧教育图式的构建，然后在此基础上提出智慧课堂要以智慧人才的培养为核心。那么要想培养出智慧人才，就必须关注智慧生成，具体就是让学生在学习的过程中，不断提升创新思维和解决问题的能力。

来自东北师范大学的李祎博士详细阐释了智慧生成，他认为学生在一定的问题或者任务的驱动下，结合自身已经掌握的知识经验、学习动因以及发展空间的上限，通过一系列的探究活动，包括猜想、怀疑、体验、验证以及总结等，对自己已有的知识技能进行重组，以形成新的策略来解决实际问题，促进自身创造思维和解决问题的能力的培养和发展，这一过程就是智慧生成。本研究对该阐释进行了适当的借鉴。

对于智慧生成而言，积极自主地学习是现代教育理念所强调的，该理念更加看重学生思维及能力的发展和提升。

二、影响智慧生成的要素

智慧生成的影响因素有很多，主要包括教师与学生、教学的内容、环境以及模式等。

（一）教师是影响课堂教学质量的重要因素

作为课堂教学的重要主体，教师的作用是不可忽视的，这是传统和现代教学的共同点。李其龙指出，学生热爱或者讨厌某一学科，可能是受教师教学的影响，对学习产生积极或者厌恶情绪所致，详见其论著《德国教学论流派》。布鲁纳指出，作为影响课堂教学质量的强烈因素，教授者与被教授者之间的关系是不容忽视的。不难看出，对于学生的智慧生成，教师发挥着重要作用，以下是教师作用的具体体现。

1. 教师的知识水平

教师的知识水平主要包括两个方面：一是学科知识水平，二是非学科知识水平，比如教育心理学、课堂设计与管理、教学经验等方面的知识。根据有关研究，教师在设计教学任务时，学生的学习成绩在一定程度上会受到教师学科知识水平的影响。而在加强教师与学生的交流和沟通方面，教育心理学知识可以为教师提供一定的帮助；组织和管理课堂的能力则需要以课堂组织与管理的相关知识为基础。因此，学生的智慧生成会受到教师知识水平的直接影响。

2. 教师的教学能力

调控、组织课堂教学的能力，使用信息技术的能力以及灵活应对各种突发情况的能力等都属于教师的教学能力。要想营造活跃的课堂氛围，按计划顺利开展教学活动，教师就要具备一定的课堂调控能力。具有较强教学能力的教师，会根据学生的特点和实际情况选择合适的教学策略，让学生积极主动地参与教学活动，启发引导学生自主探索，培养和发展学生的思维和能力。因此，学生的智慧生成会受到教师教学能力的直接影响。

3. 教师的学习能力

个体要想发展和进步，就要持续不断地学习。教师要及时学习各种新知识和新思想。在终身学习观念的指导下，不断积累知识和技能，完善自身的知识体系，不断开阔眼界，切实践行活到老、学到老的理念。教师可以通过持续学习，提升自己，提高自己的知识水平和教学水平，在教学的道路上不断创新和进步，为培养智慧型人才奠定坚实基础。

4. 教师的心理素养

教书育人是教师的天职，为了让学生形成健全的人格和高尚的品德，教师首先要接受系统专业的教育。学生的学习态度和成绩会受到教师的性格、爱好、处事方式等方方面面的影响。如果教师的性格开朗豁达，那么他的学生就会在潜移默化中树立团队意识，形成协作精神。如果教师性格胆怯、缺乏自信，那么他的课堂氛围一定是紧张的、呆板的，学生就难以集中注意力，学习的兴趣和热情也会下降，学生的智慧生成就更加无从谈起了。

通过以上论述可以看出，学生的智慧生成受到教师教学质量的影响，而教学质量又取决于教师的知识水平、心理素质以及教学和学习能力等，教师必须持续不断地学习，保持自己的先进性。

（二）学生是检测课堂教学效果的指标之一

个人参与和人类社会意识是杜威所强调的教育的两大要素。在课堂教学中，现代"三中心"比传统"三中心"更加关注学生的主体地位，它强调教与学的过程同等重要，两者是相互促进的有机整体。因此，学生的智慧生成还会受到学生自身的影响。

1. 学生的学习策略

学生制订的以提高学习效率为目标的学习方案就是学习策略，它主要包括三类：一是包含组织、复述以及精加工在内的认识策略，二是包括调解、计划以及监视在内的元认知策略，三是包括努力、学习环境和时间管理以及社会资源利用在内的资源管理策略。对于陈述性知识的提取，适合使用认知策略，而对学习过程进行合理有效地安排和调节则适合使用元认知策略，学习动机则会受到资源管理策略的直接影响。这些学习策略为学生的高效学习提供了动力保障，教师在开展课堂教学时，要注意加工和完善学习策略。

2. 学生学习的积极程度

教师要想顺利开展教学活动，就要想办法让学生积极主动地投入课堂教学中。学生获取知识技能的手段是学习，而一节成功的课堂教学必定建立在师生充分互动的基础上。在不考虑课后补习的情况下，相互关联的不同学科，如果仅靠课堂教学，学生是很难牢固掌握和灵活应用的，这对后续的学习也是极其不利的。因此，教师要将自己的"教"和学生的"学"结合起来，激发学生的学习热情，促进其高效学习，进而增强其学习的动力和自信心。

（三）教学内容是保证课堂教学的重要条件

作为连接师生的重要纽带和载体，教学内容的选择安排会直接影响教学过程以及学生的学习结果。结合小学生从直观、形象向抽象转变的思维特点，小学数学应该主要以直观的形式来呈现教学内容，或者整合并渗透具有关联性的章节知识以及学科知识，以促进学生的思维发展和能力提升，最终实现智慧生成。所以学生的智慧生成会受到教学内容的重要影响。

1. 教学内容的难易程度

学界很早就开始研究教学内容，即教什么、学什么。围绕这一问题，英国哲学家斯宾塞于19世纪提出了有价值的知识这一概念，即为完美生活做准备的知识。人与人之间的认知和发展是存在差异的，教育界对于教育的内容和方法至今仍存在很多分歧。随着社会经济和科技的高速发展，知识的更新和老化速度越来越快，现代教育也开始聚焦高效学习。不一样的知识背景，决定了教学的重点和难点也是不一样的。因此，在现代教育中，教师要结合学生的特点和发展需求，对教学内容进行合理的选择和安排。

2. 教学内容量的多少

艾宾浩斯的遗忘曲线表明，学生如果在短期内学习大量的知识很容易将之前所学的知识遗忘，其学习效率就会大打折扣，从这一角度来看，学生要想取得良好的学习效果，必须以适量的教学内容为前提。沈小碚指出，教学内容的多少和时间的长短并不能决定教学效果，而决定教学效果的关键在于有效的知识量，她提出该观点有两个方面的原因：一是基于现代教育教学的相关理论，学生的接受能力和知识的增长会受到有效教学知识的影响，当有效知识和方法的教授成为学校的教育任务时，课堂的教学效果才取决于学生获取知识的多少，而在大多数情况下，学生接受知识的能力和教学内容的多少是不匹配的。二是学生的智慧是在迁移知识的过程中生成和发展的，根据教育心理学可知，学生只能迁移部分所学知识，只有牢固掌握和内化吸收的知识才能被灵活地迁移和应用，对生成和发展学生智慧起到积极的促进作用，因此，能够激发学生兴趣并最终生成智慧的一定是有效的知识量。

3. 教学内容的呈现方式

教学内容是教师在课堂教学中培养和发展学生思维及能力的载体，课堂的教学质量会在一定程度上受到教学内容呈现方式的影响。教师在选择教学内容呈现方式时，可以以知识点的顺序为依据，选择直线式的呈现方式，也可以以教学内容的划分为依据，选择并行式的呈现方式，还可以以学科之间的相互关联为依据，选择综合式的呈现方式。在课堂呈现中，教师要善于应用多媒体课件，为学生创设探究合作的学习情境，提高学生参与教学活动的积极性，通过有效的引导和启发，促进学生思考和反思，最终生成和发展学生智慧。

（四）良好的教学环境能提高课堂教学效益

围绕智慧课堂，周仕龙提出了两大概念，即在场效能和再生效能。所谓在场就是学生能够真正投入课堂教学中，通过自身的体验和感知，启发智慧，激发热情，不断提升自我，发展自我。而效率和目标相乘就是效能，也就是说，教学要想取得效能，就要同时关注效率和目标。课堂在注重在场效能的同时也要关注再生效能，只有这样才能有效促进学生创新能力和智慧的发展。生物学是最早提出再生概念的学科，其含义就是再次出现和重生。而效能的解释在不同领域中存在差异，本书取"效果"之意。简而言之，再生的、可持续的、积极的效果就是智慧课堂中的再生效能。学生内化吸收知识会受到外部环境的影响，因此，教师要结合学生的兴趣、特点和学习能力为学生创设学习情境，并将教学内容融入其中；同时，还要将示范、引导和指导作用充分地发挥出来，改变传统的填鸭式教学方式，发挥学生的主体地位，让其掌握学习的主动权，通过小组讨论的形式，树立和发展学生的团队意识以及协作精神，提高学生的核心素养和综合能力。

（五）教学模式是影响学生学习策略的直接因素

以一定的教学理论和思想为指导，组合运用所形成的一系列的方法策略就是教学模式。教学模式因为教学思想、内容以及目标的不同而存在差异，其从不同的角度可以划分为不同的种类。教学模式的设定和学科以及教学内容没有太大关系，它的调整主要是以教师在实际教学中的具体情况为依据。学生构建和生成学习策略，会受到其获取知识的方式，即直接或者间接经验的影响。

三、促进智慧生成的策略分析

在实际教学中，教师要利用有效的教学策略将学生原本的知识结构激活，帮助学生进入深度学习状态，通过探索获取新知识，这样才能促进学生智慧的生成。所以课堂教学要在提升和拓展学生思维速度和学习深度广度的同时，让学生积极主动地参与教学活动。

教师创设的教学情境需要具有启发性和探究性，这样才能激发、增强学生学习的积极性和动力，让学生在探究活动中进行思考、提出疑问、总结等，体会到数学学习的乐趣，养成手、脑、口并用的学习习惯，提升创新创造的思维能力。

学生利用认识策略，可以将原本知识框架中的有用信息快速高效地提取出来，从实际生活出发，复述和精加工所学新知识，对其进行迁移和应用，最终实现学科智慧的生成；通过元认知策略，学生可以有效了解、调节并控制自己的学习过程，在自我监视下，顺利完成学习任务，实现学习智慧的生成。信息技术供给策略则从技术方面为上述两种策略提供支撑，促进学生在深层学习中生成和发展智慧。

四、智慧生成的策略

（一）认知策略分析

通过认知策略，学生可以对从外界获得的知识进行处理，并构建新旧知识之间的关联。现阶段，有很多教学策略都可以促进学生的认识，但是学生所处的阶段不同，他们处理知识的能力也不同，对于缺乏经验的小学生而言，直接加工信息具有一定的难度，因此，他们的认知策略通常为机械性的记忆，教师可以引导学生发现、分析和解决问题，通过设置促进其认知的教学情境来生成和发展学生智慧。

1. 认知内容要创设良好的学习情境

随着课程改革的不断推进和深化，教学的中心逐渐由教师转为学生。小学的数学教材从学生的实际生活出发，呈现出的教学情境图生动形象，使学生的课堂生活更加丰富多彩。但是，学校环境不同，学生不同，即使是同样的教学内容，呈现出的教学效果也是不同的。在实际教学中，教师为了加强学生与自己以及教材的联系，会通过各种途径来创设教学情境，该方式也成为加强师生与教材联系的主要方式。

为了真正凸显学生的主体地位，教师需要根据学生的经验来创设情境，在相适宜的情境中，学生才能够全身心地投入课堂教学，并开展自主学习活动，包括观察、讨论、总结等，进而对教学内容有深入的理解，并联系生活实际将其应用到实践中，进而对教学重点和难点进行精准的把握和有效的突破。因此，创设具有探究性的学习情境可以促进学生自主学习能力以及智慧的提升和发展。

2. 以任务为驱动，促使问题解决

从获取知识到发展自身能力需要一个过程，而在任务的驱动下促进问题的解决，可以加快这一过程。学生学习知识的过程，在一定层面上可以看作是智慧以及高阶思维生成和发展的过程，学生在这一过程中需要经历学习的各个环节，包括观察、猜想和归纳以及提出、分析和解决问题等，最终提高解决实际问题的能力。

3. 认知过程关注反思总结

现代教育理念所强调的学生的反思和总结，实际上就是构建融合了新旧知识且相互关联的知识结构体系，学生复述并加工已学知识就是反思总结，反思总结的内容可以是一节课、一个单元或者是整本书的某个教学模块，通过总结归纳提炼出重要知识点等。对学生预期和实际的学习效果进行检查是运用该策略的关键，如果没有达到预期的学习效果，就要分析其原因并进行改进。通过反思，学生更容易进入深度学习的状态，可以从整体上理解和把握知识，该策略可以有效促进学生智慧的生成以及全面发展。

（二）元认知策略分析

学生的智慧生成包括学科、学习以及协作智慧的生成。所谓学习智慧，就是学生自主学习的能力和智慧，对实际问题进行灵活有效处理的能力就属于学习智慧，而元认知策略与这些能力是相辅相成的。所谓元认知策略，就是对自身学习过程进行计划、调节以及检测的所有策略的集合。下文将从三个方面对该策略进行分析，即计划的制订、自我监控以及多元学习评价。

1. 学习计划的制订

认知策略在促进知识和智慧的生成、发展方面，主要是基于任务驱动下的问题解决来实现的，教师要设置一些具有启发性和思考性的问题，简而言之，就是要设置开放灵活的问题。学生在任务或者问题的驱动下，不仅可以对学习任务更加清楚，还可以根据自身情况合理制订学习计划，提高学习效率，获得理想的学习结果。

2. 自我监控

由于小学生缺乏知识积累，又处于活泼好动的阶段，他们往往只能机械式地学习知识，无法有效反思和总结所学知识。为了促进学生学习元认知的提升，就需要对其学习知识的过程以及学习任务的完成情况进行客观全面的分析和评价。比如：运用哪种方式可以又快又好地获取知识、如何理解和归纳学习内容、如何将理论应用于实践中、如何把握学习进度等。学生通过监控和反思自身的学习过程，在潜移默化中生成和发展智慧。

3. 多元学习评价

学生在评价自身的学习时，要同时关注学习结果和过程。充分发挥自我监控的机制，保障评价的科学性和合理性，不仅要分析学习任务的完成情况、学习进度的把握、学习策略以及对学习内容的喜欢和投入程度等，还要分析学习目标的达成以及思维和能力的发展及提升。从自身的实际情况出发，结合学习内容，科学选择学习方法和策略，比如选择探究式学习、接受式学习、互动式学习还是合作式学习。

（三）信息技术供给策略分析

前面围绕智慧的生成，对认知策略和元认知策略进行了分析，接下来将对同样影响学生智慧生成的信息技术供给策略进行分析。教师将多媒体等各种先进的信息技术应用于课堂教学，不仅能节省教学时间，使教学变得更加高效便捷，还能通过各种影音课件的呈现，为学生创设具有启发性和探究性的情境，让学生积极主动地投入课堂教学中。另外，借助教学投影，教师直观地展现出学生的学习成果，可以对学生的表现进行及时地了解，并根据学生出现的具有普遍性和代表性的错误，进行有针对性的讲解，对教学策略进行适当的调整；同时，通过思维导图的绘制引导学生梳理、归纳知识，培养和发展学生的思维能力和核心素养，促进其全面发展和个性化发展。

第二节　智慧课堂对智慧生成的技术援助

一、智慧课堂对智慧生成策略的援助方式

在对技术—学习维度下的智慧课堂特点进行研析的基础上，对三大类智慧生成策略的每一子类策略在技术层面给予的协助方式进行一一列举，见表6-2-1。

表6-2-1　智慧课堂对智慧生成策略的援助分析

智慧生成策略		技术价值与意义	技术实例
促进智慧生成的认知策略	认知内容关联真实情境	对真实的情境进行模拟，将授课内容联系到生活中实际发生的事，让课堂教学变得更加生动形象，有助于学生对教学内容的理解，还能吸引学生的注意力，提高其对该学科的学习兴趣	图片、动画、视频等
	认知过程注重多维综合能力	在数学学习工具方面，给予学生充分的帮助，鼓励其将知识学习系统化，对知识进行分类和对比，从而将零散的知识点整体把握，提升学习效率	文字处理软件、绘图工具、数据处理软件、思维导图软件等
	应用任务驱动的问题解决	为学生在数学学习方面创建充足的资源和探索的情境，形象展示抽象问题，对学生发现—解决问题这一过程予以支持鼓励，让学生在知识系统中学会学习	搜索引擎、立体化教材、微视频、虚拟探究实验室等

续 表

智慧生成策略		技术价值与意义	技术实例
促进智慧生成的认知策略	发挥反思总结的效能	教师可以为学生提供大量的针对性测试题、知识点教学音频等学习资源，以不同难易程度的题目供学生选择，可有效针对学生的知识薄弱环节进行巩固提高，帮助学生对错题进行反思总结，帮助其迁移知识，举一反三	实时解析和点评的作业系统、试题资源库、微视频等
促进智慧生成的元认知策略	层次性的计划制订	能实时记录学习进程，使学生能够按照自己学习状况，自行调整进度，帮助学生实现个体化学习；学生按照自己的学习需求，自行在大量的学习资源中选择合适自己需求的项目，帮助学生循序渐进地完成学习任务	电子书、微视频等
	面向学习过程的自我监控	可对学生的学习进程进行记录，并将学生的学习成果长久备份保存；学生可以通过查阅自己的学习进程以及所得成果，建立起知识点的反思体系，从而帮助自身在后续更加系统化学习	云平台、云笔记、电子档案袋、屏幕监控等
	立体化的学习评价	在学生评价方面，可对学生学习过程、方法以及结果进行评价记录，使评价具有客观性、科学性，对智慧的数据进行搜集整理，促使学生反思和改进自己的学习方法	大数据、云计算、学习分析技术、电子绩效评估系统（EPSS）等
促进智慧生成的交互策略	积极互赖的学习任务	设计一个复杂的综合问题或者任务后，可以使老师更容易、更快速地进行任务分配。小组成员能够共同研究并设计出与本小组特点相匹配的任务及目标；通过引入技术或工具，能够让小组成员在制订目标方面变得更明确、更具体，对任务的实行方案设定也更有计划	电子书包、云平台、群分享功能、数据统计收集工具、学习任务单等

续表

智慧生成策略	技术价值与意义	技术实例
促进智慧生成的交互策略	落实清晰的个体责任	采用技术手段来对团队进行更加清晰明了的分工，教师能够利用智慧系统，将团队中合理、可行的任务分配给合适的小组，小组成员能够根据自己的特点，对个人进行任务分配；明确的任务与责任，可以让团队的共同目标更清晰，从而更好地完成工作	云备课系统、智慧推送系统、学习分析软件、云平台、云笔记等
	高度投入的个人贡献	通过使用互动工具，既可以提高团队的效率，又可以保证团队最终的效果呈现，能够帮助团队以可视化的页面对成果进行展示	云笔记，云平台系统，微视频，交互电子白板等
	主动服务的监控与资源	在提前计划好的活动流程中，可以采用技术手段对学生的合作学习过程进行记录和监控，这样可以让教师在对学习进行监督的同时，及时地发现问题，为学生提供解决问题的策略，并将学生的思维或学习方式进行整合，从而可以有效地掌控课堂方向及进度	搜索引擎，电子监控，后台数据统计系统等

二、基于电子书包的小学数学智慧课堂支撑工具分类与设计思路

小学数学智慧课堂所使用的支撑工具包含了两种类型：一种是学习过程支撑工具，另一种是学科内容支撑工具。因为在学习过程支撑工具的设计过程中，课堂交互工具已经有了一定的雏形，所以在此就不做重复的设计了。本书主要对学科内容以及与学习过程相关的支撑工具进行研究设计，对其中的个性化诊断和分析工具进行进一步研究。

（一）学科内容工具

我们要了解如何设计学科内容工具，首先要对师生教与学上的重难点进行准确地把控，根据不同知识点来设计与其相匹配的工具，既可以是规律提示类的工具，也可以是提供探究的工具。

每个学段的学习内容不同，数学课程标准将学习内容划分为了数与代数、图形与几何、统计与概率、综合与实践这四大学习领域。所以在设计学科工具的过程中，要以这四大领域的课标要求为参照，按照不同的设计思路有针对性地对每一部分的学习工具进行设计。

（1）就"数与代数"这一内容的教学而言，新课程标准提出要培养学生对数字的认识、对符号的认识，并且还要对学生数学建模思维和计算能力进行培养。

在"数与代数"这一部分中，要想培养学生的数感，就必须创设适当的情境，让学生感受到实物的数量，对同种和异种的物体分别进行数字与摆放的训练，可以使用放在一块或者分开摆放的物体进行训练，让学生在训练中感受数字，并且在适当的环境中感受数字的相对大小关系。对于数字等问题，要以学生的实际生活为出发点，从简单的问题开始，让学生对运算规律进行直接的感知并自行总结，再针对检验方面，设计可以迅速帮助学生检验计算方法及结果正误的工具。特别是当一个题目有多种方式方法可以解决时，要为学生提供多种探析的情境，让学生的思考更具开放性。而在培养学生的符号意识方面，需要让学生理解符号所代表的数量关系，帮助学生总结出其中的变化规律，可以创设合适的情境，适当地对学生进行指导，帮助学生针对某一类规律展开分析表达，并在符号和数之间进行知识迁移和转化。比如说在对方程等内容进行教学时，将几种常见的问题集合起来共同创建一个情境，让学生自己去解题。之后再将普通算术方法与解方程的方法进行联系总结与差异比较，促使学生实现知识迁移。

（2）在"图形与几何"课程的教学方面，《义务教育数学课程标准（2022年版）》提出，要培养学生对空间概念的认知。

在"图形与几何"这一部分中，对一些学生而言，他们本身就能对空间概念有一定的感知，能够抽取出几何图形，也能反向从抽象图形中对真实存在的物体进行想象，学生在学习这部分时可能很难仅仅依靠教师的描述，就产生直观的感觉。同样老师在讲解这一部分的时候，也会遇到一定的困难。这个时候，教师如果能够设计出一种能够显示各种立体图形的工具或一些与立体图形展开与折叠教学有关的工具，就可以让学生完成对视角的自我调整，从而对物体各个角度展开观察，以帮助他们对空间的概念能够有更直观的感知，促进学生对三视图做出更好地理解，使其总结出与图形转换有关的心得感悟。即使是一些较难的问题，学生也可以自己用观察的方式，对这些问题进行思考分析。与此同时，在学习空间物体的方位和相互之间的位置关系这节课时，该工具同样有助于学生掌握知识。对于各类图形的周长、体积、面积的公式推理，学生也能通过组合、剪切等方式自主地展开猜想，教师再直观地进行动画演示，这样可以使问题更加清楚、简单，从而方便学生理解。

（3）在"统计和概率"的教学方面，《义务教育数学课程标准（2022年版）》提出，要使学生逐渐树立起数据分析的概念。

在"统计与概率"这一部分中，在解决许多日常生活中的问题时，要对学生进行更直观、更明确的描述，从而做出理性的决定，帮助学生选择适当的方法来处理不同的数据，从而使学生更好地了解到，在现实生活中，有许多的信息都可以用数学的图形来展现和运用。在学习概率的过程中，有很多经典的实验，比如抛硬币、掷骰子等，如果花费一定的时间让学生去做实验统计，那么课堂确实会变得更加活跃，但这种方式十分浪费时间，并且也没有太大的教学意义。如果把书本上的结果直接给出来，学生又难以相信，此时就能够借助模拟软件发挥教学作用。当教师在讲解统计图这部分教学内容的时候，若需要选择统计图，就可以由学生来自行决定，选择使用不同的统计图来传达合适的信息，促使学生去观察不同的统计图之间存在怎样的不同，并对其特点进行总结，反思其优与劣。在这种情况下，一款只要及时输入数据便可完成同一组数据的比较并将其在不同统计图中所表现的情况反映出来的工具，对于学生的对比分析能力培养是十分必要的，它能够帮助教师做出直观的对比图，节省课堂教学中画图所费的时间。

（4）在"综合与实践"的教学方面，以某一种类型的问题作为对应的依托实体，以提高学生参与学习活动的积极性，有效帮助学生对数学学习活动经验进行积累。

通过对实际生活中存在的实际问题场景进行模拟，帮助学生将其所习得的知识与生活经验相结合，随后，为学生提供具有针对性的研究工具，让学生能够在自主学习与小组合作的模式下，根据之前的课堂所学来解决问题，从而提高学生的逻辑思维能力和抽象学习能力以及创造力和应用能力。

根据知识学习的不同模块，对工具进行针对性的设计，在对工具需要解决的难题进行明晰后，根据不同的知识点来明确工具的设计方案并开始研发。

学生的能力和水平等方面存在差异，每一位学生的学习需求都不一样。要实现个体化的学习要求，让不同水平的学生都能选择最适合自己学习需求的学习方法，设计者就需要为学生创设不同的学习情境与学习工具，帮助学生不受空间限制地实现个性化学习。

（二）个性化诊断与分析工具

1. 小学数学学科认知分析

在对小学数学课程标准、课程结构以及考试命题形式进行研究的过程中，笔者深刻认识到，伴随着新课程标准的不断推进，教师需要对小学数学的评价理念、体系以及因素和维护的程度进行深层次研究。在此研究中，应注意题目的数量、难易程度和表达方式的规范以及属性设定。

基于对数学认知的认识，我们可以从不同的角度对其概念、形态、类型、维度等进行不同的细化，这样就可以实现数学认知的解析目标。为此，必须将不同水平的学生认识特征与数学学习成效进行联系与比较，从而实现对诊断的针对性和量纲的设定，优化学习诊断体系。

在认知的诊断过程中，测量算法和表现方式存在着差异，不同的认知特征，其测量方法以及是否可测量，包括诊断结论的表现形式也不尽相同，如认知特点应包括计算精度与速度等。其计算出的结果可以作为定量的诊断结果。所以这一部分的研究就包括了分析的环节以及运算的结果等问题。

2. 系统特征分析

在本书的基础上，笔者对小学数学智慧学习系统进行了一个构想，并进行了进一步的设计，在这个过程中，小学数学学习系统应该遵守如下几个要点。

（1）以测试结果为依据，对学生的学习层次水平进行智慧诊断。

（2）基于测试结果，智慧地对学生当前层次相适应的考试资源进行分配。

（3）根据智慧诊断结果和分配情况，全程记录学生的学习情况并进行评估。

三、小学数学智慧课堂学科工具功能设计概述

通过对数学问题的分析可以看出，学生在数学问题中的解题能力是衡量其个体学习能力的一个重要指标。在复杂问题的解决过程中，应以提高学生的综合素质为最终目的，该目的也同样是教育的主要任务。而要培养这种能力，就要根据学生的实际情况，对其进行评估并量化得分，从而掌握其优缺点。这样才能更好地指导和提升学生的各项能力，达到真正意义上因材施教的教学模式。所以评估学生的解题能力是教育的先决条件。

（一）在设计学科工具的功能上，要有能够得出各种公式符号，图形图表的可快速编辑的精确编辑类工具

在数学学科中，要实现对一些常见的图像、图表等内容的快速编辑，并

不是一件容易的事情。一些资料虽然可以在某些资源中找到，但是却无法做到个性化的展示。如果教师自己去绘制这些图，那么不仅会浪费大量的时间，而且还达不到满足教学的效果。而设计出这种类型的编辑工具，就可以很好地满足教师的这一需要。只要修改一下参数，就可以得到各种各样教学所需的图像、图表。在主题工具的功能上，要有动画库来满足每一个知识点的教学。

（1）问题情境类动画库。在构建智慧课堂时，布置任务这一环节尤其重要，在布置任务时，要根据学生的认知水平、兴趣所在以及知识水平，分层次地对问题或任务进行分配。所以在动画库中，可以设计相应的内容来支持任务分配，以便在课前实现重现日常存在的实际问题与课堂上的要求，让学生能够清楚地感觉到问题在生活中的所在，并以质疑的态度和解决问题的目的进行学习。在动画设计的过程中，应该尽可能地展现出数学问题与生活实践紧密的联系，让学生感受到数学无处不在，时时刻刻体现在学生周围。

实践探究类素材也应当存在于动画库中，针对学生在学习过程中所遇到的某些问题，寻找适合学生学习的方法：设计具有自主探究特征并且存在多种解题方式的问题，可以将动画设计出来，用在课堂上，让学生进行独立思考并动手实践，对其中存在的规律方法进行总结分析，将学生的探究能力及发散思维完全地培养起来，让学生在问题中学、在学习中问。

（2）理解应用类动画库。它可以用来在课堂上检验学生理解知识点的程度，从而了解学生是否可以做到理论与实际之间的有效结合。

（3）测试培训类动画库。在学生学习完以后，对其所学的知识内容的掌握程度进行检验是很重要的。在这个时候，一份测试卷子经常会给学生带来很大的压力。因此，教师可以设计一种闯关游戏，以激发学生的学习积极性，根据难度和答题情况，把动画进行分类和分层，这样就可以有针对性地检查学生对知识的掌握程度，让学生根据考试的结果，对其学习不足之处进行总结反思，然后再以考试的手段来检查其学习效果。

（二）在学科工具的功能设计方面，要保证其能够满足不同学科知识点学习的需求

使用知识点学习工具可以很好地解决某一类型的问题，是一种为固定知识点的教学而研发的工具。例如：有目标地提供时间、排列、组合、图形的度量、整数、小数、分数、因数和倍数、莫比乌斯圈、概率实验室、猜形状、最短爬行路线、认识几何与立体图形、展开和折叠、建立数学模型等。

软件生成工具的使用在处理综合性问题上表现出来的优势较为明显，同时它还具有开放性的特征，因此其得到的结果也相对较多。对于学生来讲，在探索的过程中，会得到多种可能性，学生可以结合自己的探索需求，自主构建出自己想要的数学模型。例如：可以提供学习方向与位置的工具，能够构建立体图形和统计图表并对其进行研究的工具，可以提供方便学生进行四则运算、竖式计算的学习工具以及方程和面积探究工具，等等。

四、基于电子书包的"数与代数"工具设计

（一）内容分类及特点

对学生进行运用数学符号和图形对现实世界进行描述的训练，从而帮助其构建符号感和数感，锻炼其抽象思维。提升学生的数感，要引导其对数的含义有深刻的认识，要鼓励其积极地参加数学活动，使其能够运用数学知识来解答和解释问题，从而提高其数学素养。

"数与代数"在小学数学教学中是非常重要的一部分，在"数与代数"这门课上，不同学段学生的心理特征导致该部分课本内容都有自己的特色。接下来，将对其进行详细的解释。

第一学段：学生们的形象思维能力比抽象思维能力更强，学生在考虑问题时，都是根据自己已经拥有的生活经验来进行学习的，其对事物的认知有时是具体的，有时是片面的。因此，教科书的内容安排重点是对数字的认识，数字的运算以及探索的规则。

第二学段：学生的抽象思维已经得到了一定程度的培养，因此，在课本

的内容中，保持了对数的认识、探索以及运算等方面的教学内容，而对常用的量则未做重点说明。与此同时，还在当前的课程基础上加入了公式和方程式的正比、反比。在"数与代数"学习领域中，其所展现出来的数学思想方法，可以帮助学生加深对数学意义的理解。在学习的过程中，学生可以将自己所掌握的数学思想方法，很好地运用到解决问题的过程中，从而极大地提高学生在数学学习中的深层感受和体会。

正是由于"数与代数"这一领域在基础教育中起到了教育工具的作用，它是学生理解哲学的一种方式，因此，它在数学教学系统中所占有的比重是最高的。

（二）整合点分析

大家都知道，电子书包在学习资源、学习工具以及推送服务个性化等方面具有大量的优点，可以更好地支撑新课改教学理念的落实，支持数学课程标准所提倡的学习方法。所以对电子书包在数学教学中的应用模式进行探讨，有着十分重要的实践意义。

在运用理想设计法完成课程整合后，接下来要做的就是对整合点的精确诊断。在"数与代数"这一部分的教学中，传统的教学方法难以把数学问题中的数量关系和变化过程的表达直观化、动态化以及简单化；但是，在信息技术介入后，很多关于"数"的问题变得更加简单生动且形象直观。下面以人教版小学数学教材为教学指导，主要针对教材中的"数与代数"部分整合点名称、遇见的问题以及解决的方法进行分析，见表6-2-2。

表6-2-2 "数与代数"整合点分析

序号	整合点名称	遇到的问题	解决的方法
1	基础编辑	数学学科符号、公式、图表编辑困难	提供常用的数学符号、图表、公式、图像，便于教师在课前准备时能够快速运用
2	课堂资源	缺少针对讲解重点知识的优秀资源	为教师备课和教学提供教学素材，比如数学模型图和常用生活情境图以及支撑共性整合点的教学动画等其他媒体材料

续表

序号	整合点名称	遇到的问题	解决的方法
3	自主探究	缺少支持学生进行自主探究的学习工具	为"数与代数"模块提供工具，让教师和学生的个性化教学与学习需要都能得到满足，建立一个探究、讲解和训练的情境，让学生能够积累起自己的数学活动经验，为学生的课堂自主探究、教师的教学开展提供常用的度量和计算工具等辅助工具

（三）工具设计分析

在传统的课堂教学中，"数与代数"的教学内容相对单调，往往是从外到内的灌输，没有明确的目标，也没有创造性。然而，在教育改革中，人们往往只注意到了教育内容的手段与方法，而忽略了教育过程。这种变革并不是一种真正意义上的变革，家校所追求的教育，就是要让学生深刻地意识到学习知识是有用武之地的，要有热情地去学习，要能进行个性化的学习，要成为会思考、会创造的学习者，这样的教育才是应当施行的个性教育。针对这一问题，本书以电子书包为基础，开发出了一套面向"数与代数"的智慧课程教学工具。从人教版小学数学教材出发，对各章节能够进行整合的知识点进行了分析，并探讨了在使用智慧课堂时，各学科工具所应实现的功能。

下面对教材中"数与代数"部分知识点的名称、工具功能需求等进行梳理，见表6-2-3。

表6-2-3 "数与代数"支撑工具需求

序号	知识点一级名称	知识点二级名称	知识点三级名称	工具功能要求
1	数的认识	数的意义	整数	能提供有关万以内数的认识、大数的认识的生活情境和问题情境，从而激发学生学习兴趣，帮助学生掌握上述内容的读法和写法；同时还可选择多个参与比较的整数及相应的比较方式（从大到小、从小到大、找最大数、找最小数等），构建比较数大小的学习与训练环境

续 表

序号	知识点一级名称	知识点二级名称	知识点三级名称	工具功能要求
2	数的认识	数的意义	小数	能单击"显示分米刻度""显示厘米刻度""显示毫米刻度"后在刻度尺上分别显示相应刻度,单击"设置放大区域"使刻度尺的局部放大显示,显示小数写法
3			分数	分数工具能通过提供激发学生学习分数兴趣的任务和相应的探究环境,帮助学生学习分数部分的知识,单击"分数"工具按钮,在弹出的菜单中根据需要分别选择"分数的产生""分数的意义""分数的基本性质""分数的通分""分数的约分",鼠标放在菜单栏中每个工具上会有文字提示,点击后页面出现相应的内容,每部分内容根据页面提供的按钮进行操作即可
4		数的读法和写法	整数的读法和写法	1. 能够自由选择情境:情境包括父子长颈鹿、最大古钱币、全球平均气温、土星绕太阳一周、1千瓦时、熊猫、蜂鸟、赤道、大甲虫、限高、牛奶、价格、身高、体温、重量、成绩、海象、浣熊、帝企鹅、大象/兔子/马/鹿的速度、卫星速度、轮船载重、虎身长、天池海拔等;在每个情境中,单击整数可显示读法与读音
2. 能够自定义情境:输入整数的读法或写法,右侧可显示写法、读法、读音
5			小数的读法和写法	
6			百分数的读法和写法	
7			分数的读法和写法	评分工具可以通过提供激发学生学习分数兴趣的任务和相应的探索环境来帮助学生学习分数知识;点击"分数"工具按钮,在弹出菜单中,根据需要选择"分数的生成""分数的含义""成绩的基本属性""一般分数"和"近似分数";当鼠标放在菜单栏上时,每个工具上都会有文本提示;点击后,页面上会出现相应的内容,可以根据页面上提供的按钮操作内容的各个部分

续 表

序号	知识点一级名称	知识点二级名称	知识点三级名称	工具功能要求
8	数的认识	数的改写	多位数的"改写"与"省略"	此模块应包括"改写""精确""保留"三种方式的近似数内容教学；以"精确"为例，可通过输入小数、精确程度来设置题目；在题目回答区可手动输入答案、观看提示、显示答案
9			分数与整数的改写	可以将假分数改写成整数，也可将整数改写成假分数，带分数改写成假分数
10			分数、小数与百分数之间的互化	可以将小数化成百分数，可以将分数化成小数或百分数
11		数的大小比较	整数的大小比较	能在表格中输入要对比的整数及其项目名称、单位，勾选加入对比后下方出现对比表格 1. 对齐相同数位：按个位对齐向左排列 2. 高亮显示相同数位上的不同数字：针对对齐相同数位之后的数 3. 显示数的大小关系：选中后显示从小到大排列加入对比的几个数的大小；如果几个数存在10，100，1000等倍数关系，还显示向上和向下箭头
12			分数的大小比较	可以在表中输入要比较的整数及其项目名称和单位，选中添加比较，下面会出现比较表格 1. 对齐相同的数字：按照单个数字对齐的顺序将它们向左排列 2. 突出显示同一数字上的不同数字：用于与同一数字对齐的数字 3. 显示数字的大小关系：选择后，显示由小到大排列的几个数字的大小比较；如果几个数字具有多个关系，例如：10，100，1000等，则还会显示向上和向下箭头

续表

序号	知识点一级名称	知识点二级名称	知识点三级名称	工具功能要求
13	数的认识	数的大小比较	分数与小数的大小比较	能够把分数化为小数来比较,也能够把小数化成分数来比较
14		因数和倍数	整除的意义和性质	可以探究整除的意义与整除的性质
15			倍数	该工具应可设置分解质因数、求最大公约数、求最小公倍数的题目,演示其求解过程,开展导学式学习;点击"分解质因数""最小公倍数""最大公约数"进入相应模块进行学习、训练;在题目区输入需要计算的数后,可以进行手动计算、自动计算等操作,每一步操作有相应正误提示
16			因数	
17			一些数的倍数的特征	
18	因数和倍数	分数、小数的性质	分数的基本性质及应用	分数工具通过提供激发学生学习分数兴趣的任务和相应的探索环境,帮助学生学习分数部分的知识;点击"分数"工具按钮,在弹出菜单中,根据需要选择"分数的生成""分数的含义""成绩的基本属性""一般分数"和"近似分数";当鼠标放在菜单栏上时,每个工具上都会有文本提示;点击后,页面上会出现相应的内容,可以根据页面上提供的按钮操作内容的各个部分
19			小数的基本性质及应用	可以探究小数的基本性质,并可进行小数应用的训练
20	数的运算	四则运算的意义和法则	四则运算的意义	可以探究学习加法、减法、乘法、除法四则运算的意义
21			加法与减法、乘法与除法各部分间的关系	可以探究学习加、减法的关系;乘、除法的关系

续 表

序号	知识点一级名称	知识点二级名称	知识点三级名称	工具功能要求
22	数的运算	四则运算的意义和法则	四则运算的法则	应提供有关四则运算的法则和运算规律，学生可以方便地进行查询和学习；点击左侧列表框中某一运算法则标题，右侧面板上可显示相应的法则讲解
23		运算定律、性质及算法	运算定律	可以探究学习加法交换律、加法结合律、乘法交换律、乘法结合律、乘法分配律的相关知识
24			运算性质	可以探究学习加法的运算性质、减法的运算性质、乘法的运算性质和除法的运算性质
25			和、差、积、商的变化规律	可以探究学习和的变化规律、差的变化规律、积的变化规律、商的变化规律
26			简便算法	根据运算定律、性质及和、差、积、商的变换规律，可以使一些运算简便
27		四则混合运算	四则混合运算的意义	可以探究学习四则混合运算、第一级运算、第二级运算、括号相关知识
28			四则混合运算的顺序	应提供有关四则混合运算的法则和运算规律，学生可以方便地进行查询和学习；点击左侧列表框中某一运算法则标题，右侧面板上可显示相应的法则运算顺序讲解
29		解决问题	整数、小数的实际问题	应提供有关的生活情境和问题情境，帮助学生解决有关整数、小数的实际问题
30			分数的实际问题	应提供有关的生活情境和问题情境，帮助学生解决有关分数的实际问题
31			百分数的实际问题	应提供有关的生活情境和问题情境，帮助学生解决有关百分数的实际问题
32	式与方程	用字母表示数	用字母表示数的意义	学习用字母表示数的意义
33			用字母表示数的作用	用字母表示数不仅可以表示数量关系、运算定律，还可以表示计算公式、运算法则以及计量单位

续表

序号	知识点一级名称	知识点二级名称	知识点三级名称	工具功能要求
34	式与方程	用字母表示数	用字母表示数应注意的问题	可以学习用字母表示数应注意的问题
35		简易方程	方程的意义	可以探究学习等式、不等式、方程、简易方程的意义
36			等式的性质	可以探究学习等式的性质相关知识
37			解简易方程	可以学习什么是方程的解、如何去解方程以及解方程的步骤
38		方程的应用	列方程解决问题的意义	可以用字母表示实际问题中的未知数，再根据题目所给的数量间的等量关系列出方程，在解方程的过程中，求得方程的解
39			列方程解决问题的一般步骤	可以拖拽相应的物品放在天平两侧，选中相应的物品可以在画面右侧选择删除或属性，在弹出的面板中进行属性设置，设置好再次单击"属性"按钮，属性设置面板即消失，可以演示求解过程
40			列方程解决问题的关键	可以学习四则运算的关系、常见的数量关系、图形知识中的周长、面积、表面积、体积计算公式之间的关系
41	比和比例	比的认识	比的意义	可以学习比的意义、比的各部分名称、比的读与写方法
42			比值	学习比值的意义和求比值的方法
43			比的基本性质	学习比的基本性质、化简比、最简整数比、化简比的方法、比与除法、分数的联系、比与除法、分数的区别、求比值与化简比的区别
44		比例的认识	比例的意义	能展示比例的意义、比例的各部分名称和比例的读写方法
45			比例的基本性质	能探究比例的基本性质、解比例，展示解比例的方法、组成比例
46			比和比例的区别	能展示比和比例的区别，表格为宜

续 表

序号	知识点一级名称	知识点二级名称	知识点三级名称	工具功能要求
47	比和比例	比的应用	比例尺	能展示比例尺的意义和比例尺的形式
48			按比例分配	能展示按比例分配的意义、按比例分配解决问题的步骤
49		正比例和反比例	成正比例的量	能展示成正比例的量及正比例关系、探究正比例关系式
50			成反比例的量	能展示成反比例的量及反比例关系，探究反比例关系式
51			正、反比例的比较	能比较正、反比例的相同点与不同点，判断正、反比例
52			用正、反比例解决问题	能运用正、反比例的知识列方程解决问题
53	探索规律	数、形、式的规律	探索规律的方法	能够展示归纳规律的一般方法
54			探索数、形、式的规律	能探索数的规律、探索图形（图案）的规律、探索式的规律
55		乘法原理和加法原理	乘法原理	能展示乘法原理的意义、探究乘法原理的应用
56			加法原理	能展示加法原理的意义、探究加法原理的应用
57		包含与排除	包含和排除的意义	能展示包含和排除的意义
58			解决包含和排除问题的方法	能探究解决包含和排除问题的方法
59		等量代换	等量代换的意义	能够展示等量代换的意义
60			用等量代换解决问题	能探究用等量代换法解决问题的方法

以上就是基于电子书包的小学数学智慧课堂"数与代数"部分的工具设计分析。该设计分析意在小学数学教学中可以利用电子书包创设轻松愉悦的教

学情境，能够充分发挥学生的主观能动性，激发学生的求知欲和好奇心，在轻松愉快中完成知识的探究性学习。

五、基于电子书包的"图形与几何"工具设计

（一）内容分类及特点

"图形与几何"是小学数学教学中的重要组成部分。小学数学"图形与几何"部分的教学内容主要分为四个部分：①图形的认识；②测量；③图形的运动；④图形与位置。这四个部分的内容按照由易到难的顺序进行编排。

（1）图形的认识。要求学生经历从实物中抽象出几何图形的过程，通过探索了解图形的大小、性质和位置关系，掌握图形的基本特征，以培养空间观念与逻辑推理能力。

（2）测量。这部分内容要求学习测量长度、测量图形周长和面积、测量角和几何体。让学生体验点到线、线到面、面到体的过程，在变化中掌握测量和识图的基本方法。

（3）图形的运动。要求学生结合实际例子感受平移、旋转和轴对称现象，通过观察、操作等教学活动学习轴对称图形的对称轴和特征，能够用平移和旋转设计图案，并学会按照比例进行图形的放大和缩小，在动手实践中感受数学的美。

（4）图形与位置。要求学生会用上下、左右、前后描述物体的相对位置，辨认东西南北四个方向，学会根据方向、距离确定物体的具体位置，并能够在方格纸上用数对表示位置。这是一个学生从分析问题到解决问题的能力提升过程。

（二）整合点分析

"图形与几何"学习领域的知识在小学数学中极具抽象性，小学生的学习心理特点是从形象思维逐渐向抽象思维过渡，但是以形象思维为主，故我们在教授的时候，应设计操作活动，加深学生对知识的理解，渗透数学思想和方法，培养学生的空间观念和推理能力。

然而在现实的学习活动中，空间观念和空间想象能力的极度缺乏，使得"图形与几何"学习领域的知识成为小学生学习数学的薄弱环节。从实际背景抽象出数学问题的教学过程很难在常规的手段下完成，也很难提供足够的时间、空间和客观条件完成某些数学实验，这就是基于电子书包的数学教学下的新的整合点。

下面以人教版小学数学教材为教学指导，主要针对教材中的"图形与几何"部分整合点名称、遇到的问题以及解决的方法进行分析，见表6-2-4。

表6-2-4 "图形与几何"整合点分析

序号	整合点名称	遇到的问题	解决的方法
1	基础编辑	数学学科几何图形编辑困难	提供数学常用的基本几何图形，方便教师备课时插入、编辑、调用
2	课堂资源	缺少针对讲解重点知识的优秀资源	提供满足教师备课、授课的教学素材，例如数学中常用生活情境图、空间立体几何模型图、支撑共性整合点的教学动画等媒体素材
3	自主探究	缺少支持学生进行自主探究的学习工具	提供图形和几何模块的工具软件，以满足教师和学生的个性化教与学需求，构建教学、探索和培训环境，积累数学活动经验，并提供辅助工具，协助教师组织课堂教学活动和学生进行探索性学习，例如数学中常用的测量和计算工具

（三）工具设计分析

在小学数学教材中，"图形与几何"学习领域的操作活动运用较多，对这个领域的操作活动进行调查发现，虽然教师能够在日常教学中注意贯彻新的课程理念，但是收获甚微，常常将之做成了一种形式。而导致教学中操作活动现状的主要原因：一是一部分教师的数学文化底蕴不够，不能透彻地了解教材和学生，不能系统、科学地进行操作活动的设计；二是一部分教师虽然在课堂中采取了操作活动，但是缺乏科学的理论指导，既没有课堂观察，也没有课后反思，导致课堂效果一直停滞不前。因此，在教学过后学生并无显著的提高。

第六章 基于电子书包的小学数学智慧课堂教学实践

下面对教材中"图形与几何"部分知识点的名称、工具功能需求等进行梳理，见表6-2-5。

表6-2-5 "图形与几何"支撑工具需求

序号	知识点一级名称	知识点二级名称	知识点三级名称	工具功能要求
1	图形的认识	点、线、角	点	能显示点，包括点的位置，能在工具中添加自由点和交点 1. 自由点：选择画点工具，在页面上任意空白处或线上（线可以为任意直线、射线、线段、圆、轨迹、函数图像）可以添加一个自由点 2. 交点：选择画点工具，当鼠标接近或划过交点，发现点的颜色变为蓝色证明此处为交点，可以直接在此处添加交点
2			线	能显示曲线、线段、射线、直线，探究直线、射线、线段之间的区别，显示线段、直线的性质 能添加线，能在页面空白处绘制线段、直线和射线
3			两条线之间的关系	能探究两条线之间的关系和相交线、垂线、平行线的性质
4			角	能显示角的意义、探究角的性质，进行角的表示和角的度量，显示角的种类，练习角的画法
5		平面图形	四边形	能显示四边形、长方形、正方形、平行四边形、平行四边形的底和高，探究长方形、正方形和平行四边形的关系，显示梯形和梯形的腰、底、高，以及探究四边形的分类，探究长方形、正方形、平行四边形、梯形的特征 能够对图形进行操作，如①缩放：拖拽图形上的控制点可以对图形大小进行缩放；②旋转：鼠标选中控制点进行拖拽可以对整个图形进行旋转；③移动：鼠标单击

193

续 表

序号	知识点一级名称	知识点二级名称	知识点三级名称	工具功能要求
5	图形的认识	平面图形	四边形	图形区域可以在页面上任意移动图形的位置；④变形：拖拽控制点可以改变图形的形状
6			三角形	能显示三角形的概念及特征，探究三角形的分类以及三角形边的关系 能够对图形进行操作，如①缩放；②旋转；③移动：鼠标单击图形区域可以在页面上任意移动图形的位置；④变形：拖拽控制点可以改变图形的形状
7			圆	能进行圆的绘制，显示圆各部分名称，显示圆周率； 能够对图形进行操作，如①缩放；②旋转；③移动；④变形：拖拽控制点可以改变图形的形状
8		立体图形	长方体	能进行长方体立体图形的呈现，进行属性的设置，包括对图形的填充颜色、大小等进行调整 能够对立体图形进行操作，如①缩放：拖拽图形上的控制点可以对图形大小进行缩放；②旋转：鼠标选中控制点进行拖拽可以对整个图形进行旋转；③移动：鼠标单击图形区域可以在页面面上任意移动图形的位置
9			正方体	能进行正方体立体图形的呈现，进行属性的设置，包括为图形填充颜色、调整大小等 能够对立体图形进行操作，如①缩放：拖拽图形上的控制点可以对图形大小进行缩放；②旋转：鼠标选中控制点进行拖拽可以对整个图形进行旋转；③移动：鼠标单击图形区域可以在页面上任意移动图形的位置

续 表

序号	知识点一级名称	知识点二级名称	知识点三级名称	工具功能要求
10	图形的认识	立体图形	圆柱	能进行圆柱立体图形的呈现，进行属性的设置，包括为图形填充颜色、调整大小等；能够对立体图形进行操作，如①缩放：拖拽图形上的控制点可以对图形大小进行缩放；②旋转：鼠标选中控制点进行拖拽可以对整个图形进行旋转；③移动：鼠标单击图形区域可以在页面上任意移动图形的位置
11	图形的认识	立体图形	圆锥	能进行圆锥立体图形的呈现，进行属性的设置，包括为图形填充颜色、调整大小等；能够对立体图形进行操作，如①缩放：拖拽图形上的控制点可以对图形大小进行缩放；②旋转：鼠标选中控制点进行拖拽可以对整个图形进行旋转；③移动：鼠标单击图形区域可以在页面上任意移动图形的位置
12	图形的认识	立体图形	球	能进行球立体图形的呈现，进行属性的设置，包括为图形填充颜色、调整大小等；能够对立体图形进行操作，如①缩放：拖拽图形上的控制点可以对图形大小进行缩放；②旋转：鼠标选中控制点进行拖拽可以对整个图形进行旋转；③移动：鼠标单击图形区域可以在页面上任意移动图形的位置
13	图形的认识	立体图形	立体图形的形成	能对立体图形的形成过程进行探究，包括①形成方式：在操作面板中可以选择立体图形的形成方式，勾选不同的选项后可以在平面图形上选择相应的边或对称轴；②旋转角度：可以输入指定的旋转角度，然后按回车键确认，也可以通过滑动条控制；③旋转过程：设定好之后，可以点击滑动条下方的播放按钮即可放形成过程；④重新设置：单击重新设置按钮即可；⑤大小操控：通过鼠标滚轮可以调整立体图形的大小；⑥删除：鼠标单击图形，然后用键盘删除键删除即可

续表

序号	知识点一级名称	知识点二级名称	知识点三级名称	工具功能要求
14	测量	计量单位	长度单位	能显示长度单位、常用的长度单位以及长度单位进率
15			面积单位	能显示面积、面积单位、常用的面积单位、常用的面积单位进率
16			体积单位	能显示体积、体积单位、常用的体积单位、常用的体积单位进率、容积、容积单位、常用的容积单位进率
17			质量单位	能显示质量单位、常用的质量单位、常用的质量单位进率
18			时间单位	能显示时间单位、常用的时间单位、时间单位进率
19			人民币单位	能显示人民币、人民币单位、人民币单位的进率
20			单位互化	能将高级单位化成低级单位，也能将低级单位聚成高级单位
21		平面图形的周长和面积	周长	能探究周长，包括长方形的周长、正方形的周长、圆的周长，可以对要演示周长的物品、运动的对象及运动轨迹等属性进行设置 选中页面中出现的内容，在属性面板中进行设置即可：对要测量的物品、测量方式、计量单位等属性进行设置；可通过直尺工具直接测量长方形、正方形边长；将圆等分，用直尺测量每份的弦
22			面积	能探究面积，包括长方形的面积、正方形的面积、平行四边形的面积、三角形的面积、梯形的面积、圆的面积、不规则梯形的面积 可以选中页面出现的内容，在属性面板中进行设置即可：对要演示面积的物品、填充效果等属性进行设置；对要测量的图形、显示要求、测量方式等属性进行设置

续 表

序号	知识点一级名称	知识点二级名称	知识点三级名称	工具功能要求
23	测量	平面图形的周长和面积	平面图形的周长和面积公式推导方法	能显示平面图形的周长和面积公式推导方法，呈现推导过程
24		立体图形的表面积和体积	表面积	能显示表面积，包括长方体的表面积、正方体的表面积、圆柱的侧面积
25			体积	能够显示体积、容积、长方体的体积、正方体的体积、圆柱的体积以及圆锥的体积
26	图形与变换	观察物体	在不同的方向观察某一物体	能够通过鼠标滑动，从不同的方向观察某一物体
27			在不同的方向观察多个物体	能够通过鼠标滑动，从不同的方向观察多个物体
28			在同一高度不同位置观察某一物体	能够通过鼠标滑动，在同一高度不同位置观察某一物体
29			观察者在运动过程中观察某一物体	能够通过鼠标滑动，让观察者在运动过程中观察某一物体
30		对称、平移和旋转	轴对称图形	能够显示轴对称图形，自定义对称轴，显示常见平面图形的对称轴条数；能够演示轴对称过程
31			平移	能够演示平移过程，可以在属性框中输入沿x轴、y轴平移距离，也可以通过数值右侧上下箭头调节平移距离
32			旋转	能够演示旋转过程，在旋转属性面板中可以输入旋转的角度，也可以通过数值右侧上下箭头调节旋转角度，点击确定图形旋转
33	图形与位置	确定位置	上下、前后、左右	能够确定位置：上下、前后、左右

续表

序号	知识点一级名称	知识点二级名称	知识点三级名称	工具功能要求
34	图形与位置	确定位置	水平面上八个方向	能够确定位置：水平面上的八个方向
35			用数对确定位置	能够用数对确定位置，用数对确定位置是唯一的
36		方向和路线图	看简单的路线图	能够营造方向与位置的生活情境，并进行个性化设定，动态演示物体运动过程；参数化设定训练题目，进行智能判断 可以添加地点、运动对象、添加物品等 可以增加连线、测量距离，测量点坐标 可以在属性面板中对它们进行设置，对已创设好的情境进行播放演示，同时可进行暂停、停止、删除、选中等一系列操作
37			用方向和距离两个要求描述或确定物体的位置	能够创造一个有方向、有位置的生活环境，并进行个性化设置，动态展示物体的运动过程；将训练问题参数化以进行智能判断 可以添加位置、移动对象、添加项目等
38			运用方向和距离画路线图	可以添加连接、测量距离和测量点坐标 它们都可以设置在属性面板中，以播放和演示所创建的情况；同时，可以执行一系列操作，如暂停、停止和删除选择

以上就是基于电子书包的小学数学智慧课堂"图形与几何"部分的工具设计。

六、基于电子书包的"统计与概率"工具设计

（一）内容分类及特点

在课程改革深化过程中如何合理开展此领域的教学需进行较长时间的探索，更好地利用教材使其在教学中发挥作用是极其重要的。

小学阶段学生需要掌握的内容包括三项：①描述统计，包括收集、整理

数据，列表，制图等；②数据代表数，包括平均数、中位数、众数；③可能性，包括可能事件的概率。由此可见，小学以统计为主，以概率为辅。统计的主要内容是数据处理，能根据对数据的分析以及对事件发生可能性的刻画进行简单、合理的推断和预测。小学阶段很少用概率手段处理数据，但是要使学生有随机的意识，适度联系统计与概率。因此，小学阶段把统计和概率放在一个学习领域，只是提供一般的素养，为中学打基础，小学的概率还不能和统计发生有机联系。不过，我们可以适当进行渗透。

（二）整合点分析

"统计与概率"属于"不确定性"数学，在学习这部分内容时，常规教学手段很难提供足够的时间、空间和客观条件完成某些数学实验；常规教学手段也很难以游戏及智能训练的形式考查学生对知识掌握的情况，这就需要信息技术的融合，设计基于电子书包的小学数学智慧课堂"统计与概率"模块的工具来帮助学生实现常规教学手段难以达到的探究性学习。

下面以人教版小学数学教材为指导，主要针对教材中"统计与概率"部分整合点名称、遇到的问题以及解决的方法进行分析，见表6-2-6。

表6-2-6 统计与概率整合点分析

序号	整合点名称	遇到的问题	解决的方法
1	基础编辑	数学学科统计图表编辑困难	提供数学统计图表模板，方便教师备课时插入、编辑、调用
2	课堂资源	缺少针对讲解重点知识的优秀资源	提供满足教师备课和教学需要的教材，如常用的生活场景图、数学模型图、支持通用集成点的教学动画等媒体资料
3	自主探究	缺少支持学生进行自主探究的学习工具	提供统计和概率模块的工具软件，以满足教师和学生的个性化教与学需求，构建教学、探索和培训环境，积累数学活动经验，并提供辅助工具，协助教师组织课堂教学活动和学生进行探索性学习，例如数学中常用的测量和计算工具

（三）工具设计分析

"统计与概率"是一个与生活关联度较高的领域。下面对教材中"统计与概率"部分知识点的名称、工具功能需求等进行梳理，见表6-2-7。

表6-2-7　"统计与概率"支撑工具需求

序号	知识点一级名称	知识点二级名称	知识点三级名称	工具功能要求
1	统计	简单的统计表	统计表的意义	能显示统计表的意义
2			统计表的作用	能显示统计表的作用
3			统计表的组成	能显示统计表的组成
4			统计表的种类	能显示统计表的种类：单式统计表、复式统计表和百分数统计表
5			统计表的制作方法	能显示统计表的制作方法：搜集数据、整理数据、设计草表、正式制表
6		简单的统计图	统计图的意义	能够呈现统计图，了解统计图的意义
7			统计图的分类	能够呈现统计图的分类
8			条形统计图	能够绘制条形统计图，通过属性框对统计图的坐标轴、数据系列等属性进行设置、调节；通过拖动统计图或者修改图中的数据可以改变数据值；拖拽统计图的矩形框可以整体放大，鼠标拖拽统计图表可以将其在页面上任意拖动，可以在统计图内输入文字和数据，同时统计图自动做出相应的变化
9			折线统计图	
10			扇形统计图	
11		平均数、中位数和众数	平均数	能够探究平均数的计算方法
12			中位数	能够探究中位数的计算方法
13			众数	能够探究众数的计算方法；能够呈现平均数、中位数、众数的相同点以及平均数、中位数和众数的优缺点

续 表

序号	知识点一级名称	知识点二级名称	知识点三级名称	工具功能要求
14	概率	概率模拟实验		提供常用到的几个概率模拟实验，如投硬币、掷骰子、转盘、摸球、抽签 1. 投硬币：勾选"数量"可以选择硬币数量；单击"投掷次数"可以设置实验次数；单击"保存数据"可以保存当时实验数据；单击"隐藏数据"可以显示保存情况； 2. 掷骰子：当选中2个骰子时，可以勾选"点数和"或者"点数差"的统计图和统计表 3. 转盘：通过"份数"增加或删减；在"标识"处可以设置名称；单击"等分"可以对转盘进行份数大小的调整； 4. 摸球：通过勾选可以选择"箱子数量"和"小球的种类"；球的名字可以编辑；箱子的名字可以编辑；可以重复实验 5. 抽签：可以改抽牌的数量
15	可能性	可能与一定	可能性的意义	能够显示可能性的意义
16			可能性在数学中的应用	能够探究可能性在数学中的应用
17		可能性的大小	用分数表示可能性的大小	能够呈现用分数表示可能性的大小
18			游戏规则的公平性	能够探究游戏规则的公平性

根据智慧课堂的思路，在讲解"统计与概率"这部分内容时，教师可以为学生布置实际的任务，设计工具以为学生提供探究的环境。通过这样的探究性操作，让学生在实际动手操作中掌握统计与概率的相关知识，从而实现常规教学手段所无法实现的课堂效果。

（四）典型工具与应用案例

1. 典型工具

本书设计了基于电子书包的小学数学智慧课堂"概率实验室"的工具。该工具主要提供了教学中常用到的五个概率模拟实验（投硬币、掷骰子、转盘、摸球、抽签），根据使用者的设置，计算机模拟相应实验的过程，帮助学生探究并掌握概率求解的方法。

下面针对这五个概率模拟实验，逐一进行说明。

（1）投硬币。

勾选"数量"可以选择硬币数量；单击"投掷次数"可以设置实验次数；单击"保存数据"可以保存当时实验数据；单击"隐藏数据"可以显示保存情况。例如：选择面值1元的硬币2枚，投掷100次，可以选择自动开始投掷或者手动开始投掷，这个时候，我们可以在控制栏里选择显示统计图与统计表，来观察实验得出的结果。

（2）掷骰子。

当选中2个骰子时，可以勾选"点数和"或者"点数差"的统计图和统计表。例如：选择2个骰子，自动投掷100次，显示统计图"点数和"和"点数差"，也可以显示统计表"点数和"和"点数差"。

（3）转盘。

通过增加或删减"份数"；单击想要设置名称的模块，在"标识"处可以设置名称；单击"等分"可以对转盘进行份数大小的调整。例如：设置份数为3份，分别表示（1）班人数、（2）班人数和（3）班人数，这时候我们可以针对每个模块对它的颜色进行设置，也可以设置转盘的转动方式是"转盘转"还是"指针转"。以"指针转"为例，可以选择自动转动或者手动转动，勾选"显示统计图与统计表"。

我们也可以进行对比实验，选择转盘，将转盘分成4份，并设置不同的颜色，第一次设置转动100次，保存数据；第二次设置转动200次，保存数据。将两次数据进行对比，让学生清晰地看出并了解实验次数越多，各部分出现的概率越接近。

（4）摸球。

通过勾选可以选择"箱子数量"和"小球的种类"；球的名字可以编辑；箱子的名字可以编辑；单击"清空数据"可以重新进行实验，设置实验内容不变；单击"重新实验"是重新设置实验内容。例如：选择2个箱子，分别为1号箱和2号箱，选择3个小球，分别为黄色、红色、绿色。系统自动将它们命名为黄球、红球、绿球。通过拖拽3个球，可以将它们拖动到实验箱里，也可以在实验箱上点击"+"或"-"来调整小球的数量。设置1号箱里，黄球1个，红球2个，绿球1个；2号箱里，黄球1个，红球1个，绿球2个。我们可以通过控制面板设置自动摸球，显示统计图与统计表，单击"摸球"按钮，开启自动摸球，同样的，我们可以记录实验数据。

（5）抽签。

"抽排数量"处可以修改抽牌的数量，抽牌数量不能超过5张，若抽5张以上纸牌则"抽牌数量"就会变为抽1张纸牌。例如：我们输入3张扑克牌，分别为Q、K、A，抽牌数量设置为2张，分别自动（手动）实验100次和200次，显示统计图与统计表，可将两次数据进行对比显示。

2. 应用案例

下面以数学课《可能性》为例，对所设计的典型工具在实际教学中的应用进行分析。

《可能性》的部分教学简介如下：

第一环节：问题激趣。

将1枚1元硬币藏在一只手中，同学们来猜一猜会在哪只手里呢？

第二环节：探究新知。

（1）创设情境，鼓励猜想。

同学们，你们看过足球比赛吗？他们是怎样决定哪个队开球的呢？请看大屏幕。观察图片，说一说他们是用什么方法决定哪个队开球的？（答案：抛硬币）这种方法决定哪个队开球公平吗？为什么？

（2）动手实验，获取数据。

很多人觉得用抛硬币的办法是很公平的，因为抛硬币的结果无论是正面还是反面的可能都是一样的，但是也有人不是这样想的，你觉得呢？动手实验，验证结果。学生在电子书包平板端使用"概率实验室"中的抛硬币工具进行探究性实验。根据工具中绘制的统计图与统计表，学生汇报实验结果。

（3）分析数据，初步体验。

认真观察实验数据，你有什么发现？

（4）阅读材料，加深体会。

很多著名的数学家都做过有关抛硬币的实验，请看大屏幕。课件出示几位数学家的实验结果（见表6-2-8）。

表6-2-8　数学家的实验结果

数学家	总次数（次）	正面朝上（次）	反面朝上（次）
德·摩根	4092	2048	2044
蒲丰	4040	2048	1992
费勒	10000	4979	5021
皮尔逊	24000	12012	11988
罗曼诺夫斯基	80640	39699	40941

思考：观察这些数据，你还有什么发现？

通过观察发现，无论是正面朝上还是反面朝上，它们的总次数很是接近，大约为1/2。通过观察实验数据可以发现，如果抛的次数越多，那么正面朝上和反面朝上的结果也就越稳定，并且其结果可能是相同的。

以上就是借助"概率实验室"工具给学生提供了探究的环境，我们可以在"概率实验室"的菜单选项中根据需求进行选择，在弹出的页面中根据按钮和提示进行操作即可。实验时我们可以保存数据并支持两组数据的对比，帮助学生理解"实验次数越多，各部分出现的概率越接近"的规律。通过上述探索性的操作，学生能够在实际动手操作中掌握统计学和概率论的相关知识，达到传统教学方法无法达到的课堂效果。

七、基于电子书包的"综合与实践"工具设计

(一)内容分类及特点

在教学中我们应重视帮助学生把课本中学到的数学知识应用于社会实际生活,培养学生的数学应用意识。由于学生的数学学习方式是丰富多样的,因而数学"综合与实践"的形式也应是丰富多样的。考虑到小学不同年级学生的年龄、认知等因素,1~3年级的数学"综合与实践"更加强调学生通过实践活动,感受数学在日常生活中的作用,了解解决问题的办法,在实践操作过程中进一步理解所学的内容。4~6年级的数学"综合与实践"更加强调综合,经历有目的、有设计、有步骤、有合作的实践活动。结合实际情境,体验发现问题、提出问题、分析问题和解决问题的过程。小学数学"综合与实践"顺应了数学改革的趋势,适应了社会发展的需求,同时也向教师的专业化水平提出了不少的挑战。

(二)整合点分析

如今新课程改革不断深化发展,"综合与实践"已然成为数学领域研究中的一个重要部分。但种种原因使得综合实践课只停留在表面的形式上,并没有在实践中践行。基于此,本书在电子书包环境下设计了相关的工具来辅助教师进行智慧课堂的教学。

以往学生学习这部分内容时,常规教学手段很难提供足够的时间、空间和客观条件完成某些数学实验;常规教学手段也很难以游戏及智能训练的形式考查学生对知识掌握的情况,为此设计基于电子书包的小学数学智慧课堂"综合与实践"模块的工具来帮助学生实现常规教学手段难以达到的探究性学习。

以人教版小学数学教材为教学指导,主要针对教材中"综合与实践"部分整合点名称、遇到的问题以及解决的方法进行了分析,见表6-2-9。

表6-2-9 "综合与实践"整合点分析

序号	整合点名称	遇到的问题	解决的方法
1	课堂资源	缺少针对讲解重点知识的优秀资源	提供满足教师备课和教学需要的素材,如常用的生活场景图、数学模型图、支持通用集成点的教学动画等媒体资料
2	自主探究	缺少支持学生进行自主探究的学习工具	为了满足教师和学生的个性化教与学需求,构建教学、探索和培训环境,积累数学活动经验,提供辅助工具,协助教师组织课堂教学活动和学生进行探索性学习,并提供综合实用模块的工具软件,如数学中常用的测量和计算工具

(三) 工具设计分析

现阶段小学数学"综合与实践"往往围绕一定的专题展开,好的专题设计是小学数学"综合与实践"实施的重要前提。下面对教材中"综合与实践"部分活动专题的名称、工具功能需求等进行梳理,见表6-2-10。

表6-2-10 "综合与实践"支撑工具需求

序号	专题名称		工具功能要求
1	找次品		能通过实际动手探究操作,掌握找出次品的方法
2	植树问题	不封闭路线植树问题	能展示不封闭路线植树问题的意义、探究解决不封闭路线植树问题的基本方法
		封闭路线植树问题	能展示封闭路线植树问题的意义、探究解决封闭路线植树问题的基本方法
3	搭配		能够通过摆实物(图)、画图、连线、计算等方法找出简单事物的组合数;通过观察、实验等方法,发展有序、全面思考问题的意识和初步的观察、分析能力
4	推理	推理的意义	能够展示逻辑推理的意义
			能探究逻辑推理的基本规律:同一律、矛盾律、排中律
5	集合		能够通过探究活动,丰富学生对直观图的认识,感受交集的含义

续 表

序号	专题名称		工具功能要求
6	抽屉原理	抽屉原理的意义	能展示抽屉原理的意义
		抽屉原理的形式	能展示抽屉原理的形式： 原理1. 将$n+1$个苹果放入n个抽屉中，则必有一个抽屉中至少有2个苹果 原理2. 将$mn+1$个苹果放入n个抽屉中，则必有一个抽屉中至少有$m+1$个苹果
7	鸡兔同笼	鸡兔同笼的意义	能展示鸡兔同笼的故事，了解其意义
		解决鸡兔同笼问题的方法	能够探究解决鸡兔同笼问题的方法

（四）典型工具与应用案例

1. 典型工具

本书设计了基于电子书包的小学数学智慧课堂"植树问题"的综合实践活动工具。"植树问题"在日常生活中经常见到，也是较难理解的知识点。通过此工具提供不同的问题情境和探究环境，学生可以通过探究建立植树问题的数学模型，梳理并总结植树问题的解决方法，学会应用植树问题的数学模型灵活解决一些相关的实际问题。"植树问题"工具设计了以下四个模块。

（1）体育场。

输入每两个彩旗间隔的米数和总共插的彩旗面数，单击"判断"按钮，如果系统判断答案是正确的，页面就会变为插满彩旗的体育场画面。同时系统会弹出"保存"按钮，单击它就能把当前页面作为一种方案保存起来。如果输入的值是错误的，系统有错误的动画表情提示。点击"保存"按钮，可以将该方案保存在下面的方案栏中，再次点击方案栏里的方案可以调用此方案。此处也可选择植树情境代替插彩旗情境。

（2）树。

点击图中任意圆点就会出现一棵树，并且它可以任意移动，当种完树后单击"保存"按钮就能保存当前的方案。设计最多可以保存五个方案。单击"重做"按钮，可以清除画面，重新探究。单击"返回"按钮将返回到主页面。

（3）小路。

能够任意拖拽右侧的树到页面中央的小路上，学生可以自主探究，随意布局并单击"保存"按钮保存结果，最多可保存5次结果。单击"返回"按钮返回到主页面。

（4）莫比乌斯圈。

能够在3D虚拟仿真环境下，通过演示和探究帮助学生理解莫比乌斯圈原理在实际生活中的应用。共设置两个问题情境："方案一"是圆形轨道的场景，"方案二"是莫比乌斯圈式轨道的场景。单击"启动"，过山车将从起点开始绕轨道行驶再回到出发点，通过观察它行驶的过程，计算出它所行驶的距离，从而探究出过山车在哪种轨道上行驶距离长些。

2. 应用案例

"植树问题"是人教版数学教材五年级上册"数学广角"中的内容，是一节综合实践活动课。本节课通过多种实践活动，使学生在摆一摆、画一画、想一想、说一说等实践活动中发现间隔数与植树棵数之间的关系。下面将对所设计的典型工具在实际教学中的应用进行分析。

"植树问题"的部分教学简介如下：

第一环节：创设情境，生成问题。

师：我们每人都有一双灵巧的小手，可以画画、写字、干活……而且这双小手里还有很多数学知识呢！举起左手张开五指，每2根手指间都有1个指缝。五指间有几个指缝？

生：4个。

师：4根手指有几个指缝？

生：3个。

师：你们这么快就能算出来，有什么小窍门吗？

生：指缝数+1=手指数。手指数-1=指缝数。

师：同学们真了不起，短短的两分钟，就总结出了一个这么重要的规律。我相信在今天的课堂上，你们的表现会更让老师惊叹！

第二环节：探究新知，解决问题。

（1）揭示课题。

同学们，还记得去年"六一"儿童节我们班展示的课本剧吗？（《一个小村庄的故事》）剧本告诉我们为了我们共同的家园，不能肆意砍伐树木，要多植树造林。拿咱们学校来说，一走进学校大门，就像是走进了绿色的世界，听着鸟语，闻着花香，坐在宽敞明亮的教室里上课，真是让人陶醉！植树不仅能美化环境、净化空气，而且当我们从数学的角度去看植树这件事，还能发现有趣的数学知识。这节课，我们就一起来研究植树问题吧！

（2）初步感知。

师：我们的好朋友小明也不例外参加了植树活动。听一听老师交给他什么任务了。（课件演示，学生倾听、看屏幕）使用"植树问题"工具中的体育场工具。

在8米长的草坪一边植树（两端要种），每隔4米种一棵，需要多少棵树苗？

师：什么是两端要种？

生1：两端要种就是两头都栽树。

师：一共需要多少棵树苗？怎么计算？

生1：8÷4=2（棵）。

师：是这样的吗？还有其他不同意见吗？

生2：8÷4=2（段）。2+1=3（棵）。

师：你们听明白了吗？哪个同学说明一下？

学生根据自己的理解纷纷发表自己的意见。（认识数量关系长度、间隔、间隔数）教师和学生共同总结：当两端都种时，棵树=间隔数+1。

（3）操作验证。

① 提出问题。师：通过小明种树，我们发现了棵数比间隔数多1。那是不是所有两端都种时，棵数总比间隔数多1？现在只是我们的猜想，要想把它变成规律就必须经过验证。

② 小组合作。学生在平板端使用植树问题工具解决问题。

③交流汇报。师：哪个小组愿意把你们的作品给大家展示一下，并说说你们是怎样植树的？随着学生的汇报，教师记录长度、间隔、间隔数、棵树的数据。

④ 观察表格。师：观察棵数和间隔数之间有什么关系。生：棵数比间隔数多1，反过来间隔数比棵数少1。

（4）抽象概括。

师：为什么会多1呢？

生1：因为两棵树间有一个间隔数。

（5）实际应用。

出示例题：学校想要在校门前种植一批新的梧桐树，在100米的道路一边，每相隔5米就栽种1棵，并且两端都要栽种，那么同学们，一共需要种植多少棵树苗呢？

第三环节：巩固应用，内化提高。

5路公共汽车路线全长12千米，相邻两站间的距离是1千米，一共有几个车站？

师：是关于植树问题的吗？

生：是。

师：为什么呢？

生：它属于两端都栽的情况。12÷1=12（段）。12+1=13（个）。

师：你们学会了吗？你们能在生活中找到类似的问题吗？

学生自由发言。

第四环节：回顾整理，反思提升。

以上就是基于电子书包的小学数学智慧课堂"植树问题"一课的部分应用设计。本课中使用到的"植树问题"工具的设计操作是比较简便的，以生活中的植树问题为原型，贴近学生的生活实际，通过实际动手的操作、植树设计等，让学生感受到学习数学的乐趣和数学在生活中的用途，让学生不但热爱学习数学，更热爱生活，从而达到智慧教育的目的。

八、个性化诊断与分析工具设计

综上所述，对于学生的知识情况做智能诊断，并为其提供个性化的学习资源是很有必要的。本书提到的诊断是对学生回答的教师在电脑系统中准备的习题结果进行检测，并根据诊断结果进行评价，属于人工智能的技术范畴。

在系统总体设计的基础上，本书从数学学科知识领域库建模、学习者建模、诊断导学机制设计三方面进行了详细设计。

（一）学科领域知识库建模

根据《义务教育数学课程标准（2022年版）》的内容制订学习内容、目标、重难点及习题，通过一系列的考查，了解学生的学习能力，发现学生的问题，匹配可以达成学习目标的配套试题资源。

对课程知识内容的分析、学习目标的确定、试题和学习资源的设计，见表6-2-11。

表6-2-11 学科领域库知识建模内容分析

内容	内容描述
课程知识内容的分析	现把小学数学的学习内容按照知识领域进行分类，并把知识点进行细化，例如："面积"这一知识点包括面积的定义、单位，求不同图形的面积、测量面积的方法等多个知识点。我们现在将本知识按照类型题、学习诊断、知识学习进行分析。类型题是小学数学的重点题型，对小学阶段不同年级都有不同层次的相关内容，它包括对知识点的复习和解析；学习诊断结合教师准备的习题测试结果和综合评价，匹配相应的导学资源

续 表

内容	内容描述
学习目标的确定	根据《义务教育数学课程标准（2022年版）》中的要求，制订学习目标，根据目标的完成情况，作为对学生学习评价的标准，而后匹配相应的配套资源
试题的设计	试题的设计由教师制订相应的标准，其试题类型为选择题、判断题、填空题、计算题、作图题、典型应用题这6种题型；试题难易程度可以根据当年中考题目的难易程度而定；例如：数学难易程度定义为 7：2：1，即设d1：d2：d3 =7：2：1
学习资源的设计	本书中的学习资源是根据教学内容设计的习题资源、教师上传的微课资源（微课资源包含教师讲解微课、学生讲解微课等）等资源

（二）学习者建模

个人信息、知识结构树、测试情况和学习过程的记录的建模阐释具体如表6-2-12所示。

表6-2-12　学习者建模阐释

建模类型	阐释
个人信息	可以对学习者的学习态度进行实时监控，并给予相应的奖励机制以调动其积极性，让学习者始终保持对数学的学习兴趣
知识结构树	知识结构树是根据学习者对知识的领悟和掌握所建立的一种知识记录图谱；该图谱可以对每个通过的过程进行不同颜色的标注；虽然图谱是一样的，但是每个学生通关的情况是不同的，因此，每个学习者的知识结构也是不一样的
测试情况	测试情况主要是对课前测、课后测两次结果的记录，将两次测试结果进行对比分析，找到学习者学习情况的大致水平
学习过程的记录	学习记录意在让学生在学习过程中掌握主要的数学学习方法，掌握有效的学习内容，并记录应用本系统辅导后，学习者的数学学习方法掌握情况

本系统可采用日志记录的方法，在此过程中系统记录学习者的各种数据。这样方便学习者对自己有所了解，也能为教师提供了解学生情况的数据，还能为研究者提供宝贵的数据记录。

（三）诊断与导学机制

为了让学习者掌握知识内容、解题方法，本书采取知识的诊断手段，而诊断又分为课前测、课后测。系统会根据对测试结果的分析来确定学生的水平，以此为标准来提供相应的配套试题，但是要在开始测试之前确定学生的达标情况。

根据学生的智能诊断，可以提供个性化的学习内容，即导学推送。导学推送有两方面：一是根据测试结果推送导学方案，二是推送下一类别的学习内容。

1. 学习方案的组织、推送

学习方案在本文的研究中是对应数学知识点内的相应例题进行难易程度和内容顺序的组织学习，其一般会以文字、音频和视频的形式出现。在此过程中，学生学习态度分析结果和测试结果也会以学习方案的形式出现。而这个方案会根据测试结果的改变而改变，并非一成不变。

2. 下一类别的学习内容的推送

根据学习结果的分析，推送下一类别学习内容。根据学习者的现有水平推送L2类别的知识内容，但同时也要对L1类别的知识点进行后测（及复习）。测试得分率设置参数值N。若$DL1 \geq N$时，系统会推送L2类别的知识点学习内容，以此类推，当$DL_n \geq N$时，说明学生关于这一知识点已经达到了学习目标的要求。

第三节 基于电子书包的小学数学智慧课堂教学案例设计与成效分析

依据所提出的小学数学智慧教学模型，本研究在某市H小学的2个班级进行对比研究。选择一个班（A班）作为实验班，另一个班（B班）作为对照班。这两个班级的学生在学习基础、学习兴趣、学习成绩等方面基本相似，并且由同一位教师执教。

每周由课题作者和授课老师进行研讨，形成一节案例课并实施。共进行了12次案例课的设计与实施。本节将首先针对其中一节案例进行分析，然后给出整学期的效果阐释。

以"图形与几何"中的"组合图形的面积"作为个案对所建构的教学模型进行分析。"图形与几何"是小学数学中的重要模块，通过该模块的学习有助于学生空间观念的建立，有助于学生思维能力和空间想象能力的培养。

一、案例设计

（一）教学设计基本内容

1. 教学内容分析

本节数学课"组合图形的面积"，是在学生已经学习了长方形、正方形、平行四边形、三角形与梯形的面积计算的基础上，进一步探讨研究求组合图形面积的方法，培养学生能够结合实际情境来解决具体问题，有利于发展学生的空间观念。

2. 教学对象分析

在生活经验方面，学生已经有较好的图形启蒙和先前知识的记录，能够较准确地辨识出组合图形；在学习基础方面，学生已经学过平行四边形、三角形和梯形的面积计算方法，并且在这些内容的学习过程中一定程度上了解了转化思想。基于以上分析，学生在已有生活经验和学习基础上继续学习组合图形面积计算，既可以巩固已学的平行四边形、三角形、梯形等基本图形的特征及计算方法，又可以综合应用所学知识，提高自身的逻辑思维和综合能力。

3. 教学目标确定

通过完成显示生活中与图形面积相关的具体任务，发现、探索计算组合图形面积的多种方法，感受转化思想。

（1）引导学生根据各种组合图形的条件，有效地选择计算方法并进行正确的计算。

（2）引导学生能运用所学的知识，解决生活中组合图形的实际问题。

（3）引导学生通过现实的数学活动，培养方法意识，体验数学与生活的密切联系，激发学习兴趣，培养认真学习的态度。

4. 教学重点、难点及关键

（1）重点：掌握组合图形面积的计算方法。

（2）难点：把组合图形转化为已经学过的基本图形。

（3）关键：学会运用"分割"与"添补"的方法。

5. 教学策略

（1）创设生活中的情境，提出问题"老师要把三块公共区域的清洁任务分配给三个小组，这样划分合适吗？"学生根据任务要求选择一个图形，利用教学工具，对图形进行分割、添补，将组合图形转化成几个基本图形。

（2）学生通过小组讨论，总结、汇报、归纳求组合图形面积的方法："分"或"添"。

（3）利用随机挑战激趣，学生任选一组组合图形，进行巩固练习。能力较强的学生可以自主完成挑战关的图形面积计算。

（4）利用所学知识让学生试着解决实际生活中的问题。

（5）拓展知识，展示生活的组合图形同时展示带有圆形的组合图形，让学生感受组合图形在生活中的延伸，并发现还有他们现有知识无法解决的问题，期待以后学习。

（二）教学过程设计思路及有效实施

1. 第一环节：任务驱动——公共区域打扫的合理分配问题

学校教师首先给出一个生活中很常见的例子——给班级安排了打扫公共区的任务。

设计意图：用学生熟悉的打扫公共区的情境，将要学的知识还原成任务或问题。呈现了知识产生的现实背景，让学生体会到数学与现实生活的联系，感悟数学学习的意义。有现实意义的任务在调动了学生学习积极性的同时又让学生感受到所学知识"从哪来"，再通过随后的知识应用环节体会数学知识"到哪去"，引导学生了解了知识的来龙去脉，从而培养应用意识。

2. 第二环节：新知学习

（1）提出任务要求，学生小组探究。

利用信息技术手段，在学生的学案中提供任务中的三个组合图形，并给出必要的数据，学生可以自己选择任意图形利用面积探究工具进行探究，求得图形的面积，帮助老师解决问题，明确三块区域划分得是否合理，并通过小组讨论的方式，汇总求得图形面积的方法。

同时，针对特殊图形"L"的探究方案，以微课的形式提供方法指导，在学生自主探究遇到障碍的时候提供帮助，以满足不同层次学生的需求。

任务：如图6-3-1所示，①任选一个图形，求得图形面积；②小组讨论，汇总求得图形面积的方法。

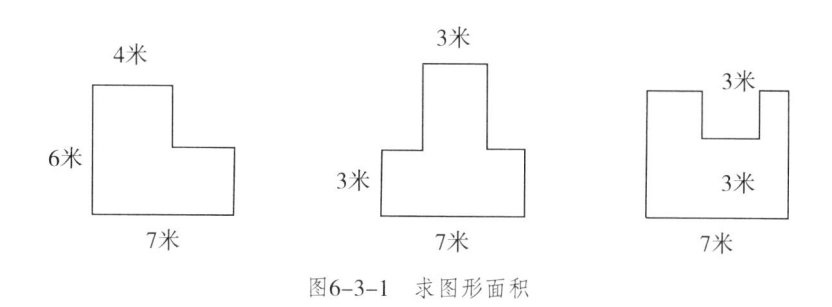

图6-3-1　求图形面积

设计意图：有了任务，还要帮助学生去更好地完成任务，这里的帮助不是简单地告知，而是要尽可能地去为学生搭建自主探究的环境，进而使其自主归纳总结知识。因此，此环节为学生提供了支撑其自主探究的面积探究工具，使得学生能够利用以前学过的方法，对所要研究的图形进行任意的分或补，在观察图形特点的基础上，通过无限次的猜想、尝试、验证，得出求组合图形面积的不同计算方法。

激发学生的参与热情，引发学生深度思考解题的方法有哪些？同时提供指导性的微课，为探究能力弱的孩子提供学习的保障。

（2）小组交流。

新知学习后，要进行有效的沟通与解释，有利于学生深化对知识的理解和认识。在组内分别交流选择的图形和解决的方法，并试着发现不一样的图形，方法是一样的："割"或"补"。

设计意图：通过学生对问题的分析，小组讨论并构建出用自己的语言描述解决的方法，这是本节课的教学重难点。通过组内讨论，学生可以深化图形转化的方法和思维；通过组间交流，学生可以发现并总结解决问题的不同视角、不同思路和不同方法，归纳出"割""补"两种思维和方式，最终完成由未知到已知的转化。

（3）小结。

不同组合图形根据特点进行"割"或"补"。

3. 第三环节：分层训练

利用信息技术手段，在学生的学案中提供三组基础题和一组挑战题，利用随机抽取工具，对基础练习题目进行随机分配，抽到第几组，学生就进入第几组的题库。挑战组不参加抽选，完成基础练习的学生可以根据自身情况选择是否进入挑战组进行练习。

挑战组共提供四个图形，学生可以任意选择进入。进入后的页面为选择题，根据学生选择的正误，系统要进行判断，并在每一题旁插入"基本图形面积计算复习"微课，供基础知识掌握不牢的学生复习使用。

设计意图：让学生体会数学乐趣，巩固刚刚学习的知识。同时为学得好的学生准备提高练习，注重了分层教学，让大部分学生达到教学目标，让理解能力强的学生能力得到充分的发挥。

4. 第四环节：学以致用

数学来源于生活又回归生活，最终的学习目的是要让学生能够运用所学的知识解决生活中的问题。

课件出示情境：学校将要开辟一块草坪，现在和两家公司进行了联系。公司A：每平方米草坪100元。公司B：同样的草，一共4000元。学校选择哪家公司更合算？

学生通过讨论明确要想知道哪家公司合适，首先要知道图形的面积，在进行计算进而求得。

设计意图：通过所提出的要比较并确认最佳公司方案的问题，学生能进一步感受到图形与生活经验的相关性，数学建模思想及利用数学知识解决实际问题的重要性和成就感。该环节与问题导入有很好的呼应关系，前者有助于学生从现实生活情境中抽象出数学问题，感悟数学知识"从哪来"；而后者则又将学到的组合图形的知识用于现实问题，学生能够知道数学知识"到哪儿去"，充分体现了数学知识的应用性。

5. 第五环节：总结归纳，生活延伸

在学生充分探究、自主归纳总结、训练和应用之后，教师引导学生归纳总结本课所学内容，揭示课题"组合图形的面积"，并板书方法"分割""添补"。此外，进一步给出具有组合图形的系列生活场景，引导学生发现数学与生活的紧密联系。最后，展示圆形的组合图形，提示学生仍有利用今天所学的知识不能解决的问题，为以后学习"圆"的知识作铺垫。

设计意图：老师引导学生自己归纳解决问题的思路，并与小组同学进行分享，既是对学生个体提升的关注也是对学生思维能力的培养。让学生多层次多角度谈收获体会，引导学生开阔视野，感受数学魅力。

二、案例实施

（一）智慧教学环境选取

为达成学生的探究性与个性化学习，并做到及时反馈学习效果，本书选择以平板电脑为依托的电子书包环境作为学习活动的支撑。设计软件为学生们提供了一个面积探索的工具，可以让他们根据自己的想法，对这些组合图形进行"割"或者"补"，从而证明他们的猜测。与此同时，在平板电脑中，还可以提供许多支持课堂互动的工具包，保证课堂教学上存在互动环节。

（二）个性化学习资源准备

从选题、学习新知识到整合训练，本书的设计为学生的个体化选择提供了支持。在学习任务安排方面，本课程有三种不同的组合式，同学可自行选取，求出图形的面积。在学习新知环节中，一方面，教师为学生提供了支持探索性学习的工具；另一方面，为学生提供了具有指导意义的微课程，确保探索性较差的学生的学习也能有较好的学习效果。在巩固训练环节，设置了基础题和挑战题两类。在基础题中，又设置了三种类型，学生们可以按照自己的实际情况选择一种类型的题目来进行训练。对于能力较强的同学来说,他们可以在完成作答基础题之后,再去挑战更难的试题。另外,在培训测验阶段,也有"基本图形面积计算复习"这一微型课件,方便基础知识不够扎实的学生在课后再次巩固复习。

(三)教学过程分析

在此基础上,以"组合图形面积"为例,从智慧教育的特征出发,对智慧教育的特点进行了具体的分析和解释,见表6-3-1。

表6-3-1 "组合图形面积"的案例教学过程分析

教学环节	主要活动	设计意图	智慧教育特征体现
问题导入	设置情境——公共区域打扫的合理分配,引导学生分析如何分配任务合理	要学的知识还原成任务或问题;呈现了知识产生的现实背景,让学生体会到数学与现实生活的联系,感悟数学学习的意义	问题发现,感悟数学的应用意义
新知学习	让学生自主选择并探究图形面积;学生可以利用面积探究工具进行探究,求得图形的面积;同时,针对特殊图形L形的探究方案,以微课的形式提供方法指导	通过自主+脚手架的方式为学生提供个性化学习之路;学生自主选择探究的图形,避免了"齐步走"的方式,实现教学目标,满足学生学习的个性化的需求	自主建构知识,积累几何操作活动经验,建立数学感悟,形成数学直观
分组交流与解释	引导学生利用思维导图归纳自己解决问题的思路,并与小组同学进行分享,得出求组合图形面积的不同计算方法;讨论并构建出用自己的语言描述解决的方法	学生可以将自己的思维过程在课件上直观的重复演示,同伴间分享各自的探究过程和结果;归纳出"割""补"两种思维和方式,最终完成由未知到已知的转化	构想、抉择、评价不同阶级方案,总结解决问题的不同视角、不同思路和不同方法

续 表

教学环节	主要活动	设计意图	智慧教育特征体现
精准极致	提供了三组基础题和一组挑战题，利用随机抽取工具，对基础练习题目进行随机分配；挑战组共提供四个图形，学生可以任意选择进入进行练习，并提供微课指导	类似于游戏的随机选择题目环节设计，可以让学生在轻松、活泼的课堂氛围中巩固不规则图形通过"割""补"转化成基本图形的方法；活化了题目也调动了学生学习的积极性	进一步深化图形转化的方法和思维
拓展延伸	出示情境：学校将要开辟一块草坪；现和两家公司进行了联系；公司A：每平方米草坪100元；公司B：同样的草，一共4000元；学校选择哪家公司更合算？	通过真实的操场情境及在此基础上不规则几何图形的抽象，可以帮助学生将现实与几何图形及图形在头脑中的表象实现相互转化，进而发展了学生的空间观念	进一步感受到数学建模思想及利用数学知识解决实际问题的重要性和成就感
评价与提升	在学生充分探究、自主归纳总结并训练及应用之后，教师揭示"分割""添补"的思想；进一步给出具有组合图形的系列生活场景	既是对学生个体提升的关注也是对学生思维能力的培养，并引导学生发现数学与生活的紧密联系	进一步发展学生的化归思想、推理能力与迁移能力

三、成效分析

通过一个学期的比较分析，得出了学生在学习动机、学习过程和参与程度、思维与能力发展以及学业成绩等四个维度上的差异。

（一）学习动机

在此基础上，本书提出了重新组织教学内容，以任务驱动的方式逆向构建知识的思想和方法，从而激发和保持学生学习的主观能动性。在学习动机方面，从实验课中资源的提供、趣味性的教学设计、以兴趣为引导的学习动机、学习积极性的把持状态四个角度对问题进行了设计。

在一学期的最后阶段，以学习趣味程度、资源多样性、学习兴趣度和学习动力保持度四个维度，对本研究的结果进行统计与分析。根据统计分析的最终结果，在实施小学数学智慧教学模型的情况下，实验班A班与对照班B班相比，前者在四个方面都有了明显的提高。这说明，在技术环境的帮助下能够使知识得到更好的还原，在设计情境的帮助下，学生的学习兴趣也能够得到有效的提高。对学习过程中的趣味性进行评估和加强，有利于激发学生在学习方面的动机，也利于这一动机的积极保持。

（二）学习过程和参与度

在参照了国外科学课程较为常见的7E模型的基础上，本书对其进行了优化以及再次设计。从教学内容重组与问题驱动、智慧学习环境、个性化学习路径以及经验活动积累四个方面进行了完善优化，最终得出了"2P-7E-2E"的小学数学智慧教学通用模型。同时，将如何让学生学习的知识产生认同感、如何让学生的学习更加个性化、如何让学生学会在学习的同时进行归纳总结与反思这三个问题作为研究对象，分别从问题导入、精准极致、新知学习、评价与提升、问题拓展等环节进行了分析研究。

在案例成效分析中，以智慧教育模型为参与度量化指标，对其进行了深入分析。运用李克特量表五级标准对学生的参与度情况进行了打分，并根据打分结果按由低到高的顺序将其转变为0~5分的分数形式。

综上所述，对于不同阶段的学生来说，他们的参与程度都有显著的提高，其中，学生在评价与提升方面的提升幅度最大。在对学生进行观察和访谈的过程中，我们可以得知：

（1）在评价和提升方面，老师比较注重让实验班的学生自我总结与归纳所学习过的知识，从而形成一套可以用来解决各个难度问题方式方法。

（2）在思维拓展和问题延伸方面，实验班的学生比较擅长运用知识，来解决对应的问题。

（3）在精确极致方面，电子书包可以有效地为学生提供学习测试和选择性的辅导，让他们可以根据自己的学习需求，进行精确的知识学习。

（4）在内化解释方面，实验班可以打破传统的教学模式，尽可能地多使用电子书包的方式进行学习，通过触摸、测量、比较等方式，对数学问题进行对应的分析、发现和归纳，并且可以与同学分享自己的学习结果，从而加深对知识的理解。

（5）关于新知识的学习和导入，智慧教学模型建立在任务反向建构的基础上，利用一些小任务或者问题，将整门课程都贯穿起来，以此为学生提供一些探究的工具以及各种各样的微课资源。这样，他们就能根据本身的学习基础和认知类型，挑选一个适当的学习形式，以提高自身的学习积极性和质量。

（三）思维与能力发展

针对当前教学过程中数学"演绎活动"过多而"归纳活动"较少，不利于学生的数学思维形成和动手能力的培养的现状，笔者在本次研究中，特意开展了一系列的调查。

以小学数学为出发点，借助电子书包的使用，依次对问题发现与问题提出、问题分析与构想、方案抉择与问题解决、基本思想与活动经验归纳、自我评价与提升五个方面进行探索，并依照相应的课程特征设计了与之相应的问题。随后对学生进行教学，以完成学生在数学学习能力、思维等方面的综合分析，了解学生在上述五个方面的真实反应。

从实验数据来看，学生在这五个方面做出的提升、完善的程度都有所不同。其中，提升最为明显的是基本思想与活动经验归纳、自我评价与提升两方面。在访谈过程中，我们得知，信息技术可以为学生提供更多类型的学习形式、资源等，并且能够满足各个层次、各个类型学生在知识学习方面的多重需求。在学习的过程中，他们可以通过对数学的设想、尝试、验证等方式，对数学知识产生更加深入的了解。此外，这也有利于提高他们的运用信息技术、应用数学知识、处理及创造等能力。

（四）学业成绩

在模式应用前，两个班级的成绩是一样的，通过一个学期的比较之后，A班学生的成绩在80~89分与90~100分的人数明显增多，在整体成绩上，A班也要高于B班。基于此，以智慧教学模型为基础而展开的课堂实践，对于学生学习质量的提升有着显著帮助，可以帮助学生更好地积累数学基本知识，锻炼数学思维，增强实践能力，进而提高综合成绩。

参考文献

[1] 王荣荣. 小学数学智慧课堂教学模式的构建[J]. 山西教育（教学），2023（4）：39-40.

[2] 张玉璞. 关于智慧课堂背景下小学中年级数学教学的相关思考[J]. 小学生（下旬刊），2023（3）：52-54.

[3] 徐才. 基于"智慧课堂"的小学数学教学设计研究[J]. 数理化解题研究，2023（8）：41-43.

[4] 王凤娇. 在小学数学教学中打造智慧课堂的策略研究[J]. 天天爱科学（教学研究），2021（12）：19-20.

[5] 付宝木. 智慧课堂下小学数学教学反馈的解决策略[J]. 安徽教育科研，2023（4）：79-81.

[6] 陈德胜. 智慧课堂，精彩微课——谈微课在小学数学课堂教学中的有效应用[J]. 中小学信息技术教育，2023（1）：87-88.

[7] 李肆珠. 基于智慧课堂理念的小学数学合作学习教学模式探究[J]. 数学学习与研究，2022（36）：53-55.

[8] 谢沁绯. 数据赋能 精准教学——基于电子书包环境下小学数学智慧课堂探索实践[J]. 新教师，2022（12）：82-83.

[9] 马玉梅. 基于智慧课堂提升小学数学运算能力的教学实践[J]. 知识文库，2022（24）：73-75.

[10] 孟宪乐，古丽君，荀湾湾. 小学数学智慧课堂教学策略研究[J]. 中国

多媒体与网络教学学报（下旬刊），2022（12）：35-38+46.

［11］程江."智慧课堂"模式在小学数学教学中的设计实践［J］.数学教学通讯，2022（34）：29-30.

［12］陈燕燕.浅谈智慧课堂在小学数学教学中的高效应用［J］.安徽教育科研，2022（32）：83-85.

［13］朱旭伟.基于智慧课堂的小学数学教学策略摭谈［J］.新课程研究，2022（32）：84-86.

［14］汪朝霞.基于智慧课堂优化小学数学教学实践探析［J］.中小学电教，2022（11）：88-90.

［15］王淑蕾.基于网络学习空间的小学数学智慧课堂教学策略［J］.家长，2022（29）：25-27.

［16］潘光志，刘媛.基于非线性教学理念的小学数学智慧课堂教学实践［J］.广东教育（综合版），2022（10）：49-50.

［17］秦健.探究基于智慧课堂的小学数学教学模式［J］.教育界，2022（1）：20-21+61.

［18］古明俊.小学数学智慧课堂中的教学互动［J］.小学教学参考，2022（26）：87-89.

［19］郭玉梅.小学数学智慧课堂教学模式构建与实践研究［J］.数学学习与研究，2022（25）：125-127.

［20］高文静.小学数学基于智慧课堂的教学策略［J］.中小学电教（教学），2021（12）：45-46.

［21］隋长荣.刍议小学数学智慧课堂教学艺术及实践［J］.数学学习与研究，2022（22）：137-139.

［22］马霞.试析智慧课堂下的小学数学教学［J］.学周刊，2022（24）：69-71.

［23］张亚琴.基于构建智慧课堂的小学数学教学实践研究［J］.数理化学习（教研版），2022（7）：51-53.

[24] 杜玉华. 新发展理念：马克思社会发展理论的新成果——以社会结构为分析视角［J］. 教学与研究，2017（9）：5-14.

[25] 高飞. 基于网络学习空间的小学数学智慧课堂教学策略研究［J］. 安徽教育科研，2022（17）：88-90.

[26] 绽菊英. 聚焦智慧课堂，感受数学魅力——小学数学教学艺术［J］. 科幻画报，2022（6）：125-126.

[27] 李欢. 网络学习空间为基础的小学数学智慧课堂教学对策［J］. 数据，2022（6）：105-107.

[28] 杨在玉. 基于智慧课堂的小学数学教学信息技术运用分析［J］. 读写算，2022（14）：19-21.

[29] 方超. 小学数学智慧课堂模式教学探索［J］. 教师博览（下旬刊），2022（4）：30-31.

[30] 徐临雁. 智慧课堂在小学数学教学中的应用初探——以"运用加法运算律简便计算"为例［J］. 安徽教育科研，2022（11）：88-90.

[31] 马骥. 浅析小学数学智慧课堂教学对策［J］. 宁夏教育，2022（4）：57-58.

[32] 白旭英. 探讨小学数学教学中智慧课堂的构建［J］. 新课程，2021（51）：91.

[33] 倪建芬. 网络学习空间视域下的小学数学智慧课堂教学策略探究［J］. 考试周刊，2022（10）：65-68.

[34] 吕俊. 基于自媒体构建"互联网+小学数学"智慧课堂的教学措施［J］. 新课程教学（电子版），2022（4）：161-162.

[35] 梁晓霞. 借用信息技术打造智慧课堂——浅谈信息技术在小学低年级数学教学中的应用策略［J］. 试题与研究，2022（5）：99-100.

[36] 于秀凤. 电子书包在小学数学教学中应用的问题及建议［J］. 中国现代教育装备，2018（22）：24-25.

[37] 吴芳. 电子书包在小学数学教学中的应用［J］. 西部素质教育，2018，4

（22）：130.

[38] 周瑜.谈电子书包在小学数学教学中的应用［J］.才智，2018（27）：119.

[39] 江澜.电子书包在小学数学深度学习中的应用思考［J］.中国现代教育装备，2018（16）：15-18.

[40] 郑燕.小学数学电子书包的应用刍议［J］.福建教育学院学报，2018，19（2）：75-77.

[41] 于彦兰.电子书包在小学数学教学中的作用分析［J］.中国教育技术装备，2017（15）：46+51.

[42] 汪维芳，赵闰钢，崔天群.依托电子书包载体激活小学数学课堂［J］.国家通用语言文字教学与研究，2022（3）：123-125.

[43] 张定强，梁会芳，冯园园.电子书包支持下的小学数学课堂教学互动分析——基于ITIAS分析系统的案例研究［J］.内蒙古师范大学学报（教育科学版），2020，33（5）：120-124.

[44] 谢俊男.基于电子书包PBL教学模式助力小学数学专题化复习——以《因数与倍数单元整理复习》为例［J］.中国现代教育装备，2020（18）：33-35.

[45] 叶正国.谈电子书包在小学数学教学中的应用模式及成效［J］.科技资讯，2020，18（8）：184+186.

[46] 张瑞兰.浅谈电子书包在小学数学教学中的应用［J］.信息记录材料，2019，20（3）：198-199.

[47] 吴晓如，刘邦奇，袁婷婷.新一代智慧课堂：概念、平台及体系架构［J］.中国电化教育，2019（3）：81-88.

[48] 万力勇，黄志芳，黄焕.大数据驱动的精准教学：操作框架与实施路径［J］.现代教育技术，2019（1）：31-37.

[50] 李振，周东岱，王勇."人工智能+"视域下的教育知识图谱：内涵、技术框架与应用研究［J］.远程教育杂志，2019，37（4）：42-53.

[51] 顾沛.数学基础教育中的"双基"如何发展为"四基"[J].数学教育学报,2012,21(1):14-16.

[52] 史宁中,柳海民.素质教育的根本目的与实施路径[J].教育研究,2007(8):10-14+57.

[53] 徐铷忆,陈卫东,郑思思,等.境身合一:沉浸式体验的内涵建构、实现机制与教育应用——兼论AI+沉浸式学习的新场域[J].远程教育杂志,2021,39(1):28-40.

[54] 杨庆余.新课程背景下小学数学学业评价策略变革[J].教育科学研究,2008(6):24-27.

[55] 周光礼,袁晓萍.聚焦"四个评价"深化教育评价机制改革[J].中国考试,2020(8):1-5.

[56] 周洪宇.深化教育评价改革 加快推进教育现代化——《深化新时代教育评价改革总体方案》解读[J].中国考试,2020(11):1-8.

[57] 马晓强.探索增值评价,我们在顾虑什么?[J].中小学管理,2020(10):5-7.

[58] 刘洋,兰聪花,马炅.电子档案袋评价与传统教学评价的比较研究[J].电化教育研究,2012(2):75-77+107.

[59] 王一岩,王杨春晓,郑永和.多模态学习分析:"多模态"驱动的智能教育研究新趋向[J].中国电化教育,2021(3):88-96.

[60] 朱珂,刘清堂.基于"学习分析"技术的学习平台开发与应用研究[J].中国电化教育,2013(9):127-132.

[61] 成尚荣.为智慧的生长而教[J].中国校外教育(理论),2007(1):18-19.

[62] 杜静.校本培训:提升教师实践性智慧的一种有效途径[J].中国教育学刊,2005(8):65-68.

[63] 何克抗,吴娟.信息技术与课程整合的教学模式研究之三——"探究性"教学模式[J].现代教育技术,2008,18(9):5-10,+27.

［64］周俊.小组合作学习实验研究报告［J］.教育导刊（上半月），1997（2、3）：35-38.

［65］陈宇.中职英语课堂合作学习理论与实践模式的探讨［J］.英语广场，2019（7）：139-140.

［66］章怡，牟智佳.电子书包中的教育大数据及其应用［J］.科技与出版，2014（5）：117-120.

［67］徐鹏，王以宁，刘艳华，等.大数据视角分析学习变革——美国《通过教育数据挖掘和学习分析促进教与学》报告解读及启示［J］.远程教育杂志，2013（6）：11-17.

［68］张洪孟，胡凡刚.教育虚拟社区：教育大数据的必然回归［J］.开放教育研究，2015，21（1）：44-52.

［69］杨现民，唐斯斯，李冀红.教育大数据的技术体系框架与发展趋势——"教育大数据研究与实践专栏"之整体框架篇［J］.现代教育技术，2016，26（1）：5-12.

［70］顾小清，张进良，蔡慧英.学习分析：正在浮现中的数据技术［J］.远程教育杂志，2012（1）：18-25.

［71］顾小清，郑隆威，简菁.获取教育大数据：基于xAPI规范对学习经历数据的获取与共享［J］.现代远程教育研究，2014（5）：13-23.

［72］张鹏高，罗兰.基于大数据的教育决策支持［J］.中国教育信息化，2014（19）：3-5.

［73］肖春梅.论人本主义的教学理论及其对数学教学的启示［J］.教育与职业，2008（20）：79-81.

［74］张婷婷.布卢姆"掌握学习"教学理论解读［J］.现代教育科学，2009（4）：60-62.

［75］杨建楠.数学教学过程设计如何围绕"最近发展区"展开［J］.教学与管理，2010（34）：64-66.

［76］张艳明，桂忠艳，李巍巍.信息技术环境下智慧课堂的构建研究［J］.

教学与管理，2020（4）：95-97.

[77] 刘宁，王琦，徐刘杰，等.教育大数据促进精准教学与实践研究——以"智慧学伴"为例[J].现代教育技术，2020，30（4）：12-17.

[78] 黄柴怀，杨俊锋，胡永斌.从数字学习环境到智慧学习环境——学习环境的变革与趋势[J].开放教育研究，2012，18（1）：75-84.

[79] 郭元祥.教师教育智慧生成的三个基础[J].教育科学研究，2008（1）：14-17.

[80] 吴晓玲.课程与教学观念智慧生成的思维路径探析[J].教育发展研究，2011（8）：24-30.

[81] 祝智庭.智慧教育新发展：从翻转课堂到智慧课堂及智慧学习空间[J].开放教育研究，2016，22（1）：18-26.

[82] 沈小碚.谈课堂教学有效性的几个基本条件[J].教学与管理，2000（10）：3-6.

[83] 何克抗，吴娟.信息技术与课程整合的教学模式研究之一——教学模式的内涵及分类[J].现代教育技术，2008（7）：5-8.

[84] 李贞.集群内知识转移与企业成长研究[D].济南：山东大学，2007.

[85] 于蔚华.富有生命活力的课堂教学样态探究[D].长春：东北师范大学，2009.

[86] 韩大林.教师教育智慧的涵义、基本要素及生成[D].呼和浩特：内蒙古师范大学，2006.

[87] 涂敏.小学数学课堂合作学习中的问题诊断研究[D].南充：西华师范大学，2016.

[88] 纪婷.基于合作学习教学模式的实践研究——以小学数学为例[D].上海：上海师范大学，2018.

[89] 王涛.教育政策文本的分类算法研究与应用[D].合肥：安徽大学，2019.

[90] 李祎.基于电子书包的小学数学智慧课堂构建方法及支撑工具研究

［D］.长春：东北师范大学，2016.

［91］袁铮.教师的学科教学知识对教学任务设计的影响：小学数学教师的个案研究［D］.上海：华东师范大学，2009.

［92］成尚荣.儿童立场［M］.上海：华东师范大学出版社，2018.

［93］夏俊生.数学思想方法与小学数学教学［M］.南京：河海大学出版社，1998.

［94］夸美纽斯.大教学论［M］.傅任敢，译.北京：人民教育出版社，1984.

［95］温忠麟.教育研究方法基础［M］.北京：人民教育出版社，2009.

［96］艾德蒙多·德·亚米契斯.爱的教育［M］.夏丏尊，译.杭州：浙江文艺出版社，2016.

［97］李其龙.德国教学论流派［M］.西安：陕西人民教育出版社，1993.

［98］钟启泉，黄志成.美国教学论流派［M］.西安：陕西人民教育出版社，1993.

［99］刘电芝.学习策略研究［M］.北京：人民教育出版社，2001.

［100］庞国维.自主学习：学与教的原理和策略［M］.上海：华东师范大学出版社，2004.

［101］杨振峰.聚焦核心素养的智慧课堂探索［M］.上海：上海科学技术文献出版社，2017.

［102］张屹，陈蓓蕾，沈爱华，等.智慧课堂教学研究的方法与案例［M］.武汉：华中师范大学出版社，2018.

［103］郝淑荣.智慧课堂［M］.武汉：湖北教育出版社，2016.

［104］王盛之.智慧教师与智慧课堂［M］.上海：上海教育出版社，2017.

［105］杨洋，缐巧莺，王庆喜编.中小学课程构建与智慧课堂［M］.广州：广东旅游出版社，2021.

［106］韩佳伶.智慧课堂背景下混合式教学模式改革研究［M］.长春：吉林大学出版社，2021.

［107］朱锦龙.智慧教学平台建设与智慧课堂教学模式研究［M］.长春：吉

林文史出版社，2021.

[108] 陈来，康宝勤.智慧课堂教学创新大赛案例精选［M］.合肥：安徽大学出版社，2019.

[109] 王晓文，高志军.用几何画板构建智慧课堂［M］.银川：宁夏人民教育出版社，2019.

[110] 冯契，外国哲学大辞典［M］.上海：上海辞书出版社，2008.

[111] 柯清超，谢幼如.连接与整合：智慧校园与电子书包［M］.北京：高等教育出版社，2017.

[112] 何克抗，林君芬，张文兰.教学系统设计［M］.北京：高等教育出版社，2006.

结 束 语

  数学是小学阶段的一门基础性课程。随着新课程改革的不断深入，小学数学教学倡导进一步培养学生的自主学习能力，注重学生发散思维的培养。教师要适应时代的发展，始终贯彻创新理念，在课堂教学中积极引入先进的信息技术，为学生搭建高效的智慧课堂，实施智慧教学，提高课堂教学的质量，实现教学过程的最优化。笔者通过研究认为，小学数学智慧课堂教学的策略如下。

一、引入信息化教学

  智慧课堂本身与多媒体教学技术有着密不可分的联系，在小学数学教学中有机结合两者，能充分实现智慧课堂教学的优化，利用信息技术的优势，基于小学数学内容设计合适的教学方案，降低学生的理解门槛，更加生动形象地展现难以理解的数学知识，从而提高智慧课堂的教学效果。首先，教师可以根据教材内容寻找网络资源，利用信息技术挖掘多种资源，将其引入课堂，帮助学生理解教材内容，实现教材内容的细化分解，夯实学生基础，促进学生在课堂中深入了解数学知识。其次，智慧课堂中的多种实践活动需要依赖信息技术，在课堂中引入信息化教学，智慧课堂能够容易开展某些教学活动，充分发挥学生的主观能动性，实现良好的师生互动，有助于学生提高自身对数学知识的理解，从各方面提高学生的学习能力，最终提高学生的数学素养。

二、灵活选用教学方式，充分调动学生思维

　　灵活多样的教学方式，不仅可以激发学生对学习的热情，而且能够调动学生的思维，促进其个性化发展。教师在教学时可以结合授课的具体内容以及学生的认知发展水平，充分利用多媒体技术，为学生提供开放式的课堂环境，让学生轻松地进行数学学习。与此同时，新课程标准注重培养学生的核心素养，教师可以制订创新性的教学设计，采用灵活的教学方式，鼓励学生积极思考与交流，并指导学生进行探究性学习；还可以充分调动学生的思维，在学生分析知识问题的基础上进一步培养其发散思维的能力，这样不仅有利于学生进一步整合所学知识，而且能够进行新旧知识之间的融会贯通。教师、现代化教育技术和新型教育的结合，使学生扩充知识的范围、速度、数量在一定程度上都获得了提升。此外，教师可以设置3~5人的合作学习小组，增强学生团结协作的意识，培养学生良好的学习习惯。小组合作学习融入智慧课堂，有利于集思广益，实现数学问题的有效解决，提升教学设计预期目标达成度。

三、营造良好的课堂氛围，激发学生学习兴趣

　　智慧课堂的构建需要轻松愉快的气氛。新课程标准倡导自主探究、合作交流及实践创新的教学方式，这就需要教师为学生营造生动活泼的教学氛围，因为好的课堂氛围是上好一堂课的基础和前提。只有教师与学生进行积极的沟通与交流，形成师生之间的良好互动，才有利于学生的学习。兴趣是引起和维持学生注意力的一个重要的因素，学生对于感兴趣的事物总是积极主动地探究和完成，同时也推进了智慧课堂有序进行。所以教师在数学课堂教学中，要将现代教育技术与课堂相融合，形成相互协作的教育环境与系统，激发学生对数学学习的兴趣，针对学生提出的疑难问题，实现多样化、多角度的解决，从而不断提升课堂的教学效果。

四、加强师生双向互动，增强学生自主意识

余文森提倡在课堂教学中进行"对话"，加强师生的双向互动，实现教师和学生共同学习，形成能够进行有效沟通的"互动课堂"。要想学生更好地开展学习，就需要采取情境化学习方式，调节课堂的气氛，让学生自发地学习和探究。教师需设置符合学习目标的提问，抛出疑问与学生回答之间形成互动交流。在新教学理念的影响下，教师可以充分发挥信息技术的教育价值，努力将数学课堂变为智慧型的教学课堂。在构建智慧课堂的过程中，教师应当充分尊重学生的主体地位，不断优化教学结构，整合教学资源，加强师生之间的双向互动，在探索合作交流的过程中，培养学生的自主学习意识，调动学生学习的积极性和主动性，引导学生通过动手操作实践的过程更好地理解相关的知识点和内容，把握知识的本质。

总之，在科技发展和社会进步的背景下，构建小学数学智慧课堂教学模式，对于教学改革和学生的未来发展有深远影响。要坚持以创新为引领，解决传统教学模式中存在的问题，应用智慧课堂教学模式，为小学数学教学增添活力。因此，在今后的教学中，小学数学教师要深入探究智慧课堂教学模式的构建，制订科学、合理的教学方案，不断运用互联网、大数据、云计算等新一代信息技术，构建信息化教学格局，孕育高效数学课堂，把学生培养成具备优秀数学素养的综合型人才。